陽光經濟

Sun–Based Economy

21世纪中国模式的新格局

[日] 山崎养世 著

默丽娟 译 / 彭金辉 雷艳红 校译

中信出版集团 | 北京

图书在版编目（CIP）数据

阳光经济：21 世纪中国模式的新格局 /（日）山崎养世著 . 默丽娟，彭金辉，雷艳红译 . -- 北京：中信出版社，2019.7

ISBN 978-7-5217-0256-9

Ⅰ . ①阳… Ⅱ . ①山… ②默… ③彭… ④雷… Ⅲ . ①太阳能发电－电力工业－研究－中国 Ⅳ . ① F426.61

中国版本图书馆 CIP 数据核字（2019）第 049289 号

阳光经济——21 世纪中国模式的新格局

著　　者：[日] 山崎养世
译　　者：默丽娟
校　　译：彭金辉　雷艳红
出版发行：中信出版集团股份有限公司
（北京市朝阳区惠新东街甲 4 号富盛大厦 2 座　邮编　100029）
承 印 者：北京楠萍印刷有限公司

开　　本：880mm × 1230mm　1/32　　印　　张：9.25　　字　　数：150 千字
版　　次：2019 年 7 月第 1 版　　印　　次：2019 年 7 月第 1 次印刷
广告经营许可证：京朝工商广字第 8087 号
书　　号：ISBN 978-7-5217-0256-9
定　　价：68.00 元

目 录

前　言

18 世纪中期英国产业革命爆发以来，首先能源革命引发交通革命，继而交通革命推动地域革命，最终带来经济体系的整体性变革。阳光经济也会导向类似的历程，只是与煤炭经济和石油经济不同，阳光经济可以使人类获得更具可持续性的发展。

人类的关键路径：阳光经济

“阳光经济”这一概念是由美国科学家理查德·巴克敏斯特·富勒（自称 RBF，以下简称富勒）在其集大成之作《关键路径》一书中提出的。富勒在有生之年被称为现代列奥纳多·达·芬奇。本书中我只是将“阳光”和“经济”这两个众所周知的词语结合起来，把他所提出的核心概念凝缩为“阳光经济”一词。

富勒是人类历史上第一个将资源问题、能源问题、环境问题及人类的可持续发展系统结合起来的先驱。早在 1927 年，他就在当时最新出版的书刊中提出了“地球环境设计”这一概念。该书中，他第一次使用了“可持续性”“可再生”“生物圈”“生态学”等新词汇。随后，富勒又提出“地球号太空船”这一概念。

作为富勒晚年的最后著作，《关键路径》一书于 1981 年出版。富勒于 1983 年去世，享年 87 岁。1998 年，我有幸拜读了《关键路径》的日文版，思想上受到强烈冲击。当时我是美国高盛集团总公司的合伙人，兼任日本最大的外企资产运营公司的社长。《关键路径》不仅明确指出现代资本主义和人类现状的局限性，并且就人类自身生存向可持续发展转换的方式方法做了极具说服力的论证和阐发。富勒认为，太阳能可以提供能源、促进资源的回收利用以及环境的净化，还可以帮助人类获得纯净的水源和充足的食物，将“人类生存条件”普及全人类。他用“宇宙红利”这一经济术语指代“太阳能”，主张为实现人类可持续发展的半永久化，必须采用以太阳能为基础的经济框架。

阳光经济并非单纯意义上的可再生能源，也不是美国前总统奥巴马就职演说时所宣扬的“绿色新政”中包含的“绿色公共事业”。准确地说,它是指根源性的经济体系——可为全人类提供能源、资源、粮食、水、环境等人类生活必要条件的经济体系。当今世界,很多国家和地区在不同程度上面临能源、资源、粮食、水等资源短缺问题,以及环境污染等难题,并且为争夺资源而引发的纷争让很多人被迫离开祖国成为难民,阳光经济可以帮助人类摆脱这一困境。它不仅可以提供充足的能源,还可以净化空气和水,改善生态环境,而充足的水资源又是粮食增产的有力保证。正是因为太阳的恩赐,人类才有了和平共处、共同繁荣的可能性。考虑到太阳能在未来的20亿年都不会枯竭,所以我们有理由相信,阳光经济能够助力人类的可持续发展。

阳光经济与中国的可持续发展

2010年,中国超越日本成为世界第二经济大国。在我看来,中国要实现可持续发展,应在国内实施阳光经济政策,同时在“一带一路”倡议中推广。“一带一路”倡议构造的新型世界经济体系有可能维持人类的共存共荣。届时,中国将成为世界新经济体系的中心国家。

基础设施建设是经济发展不可或缺的构成，“一带一路”倡议贯彻自由贸易的原则，通过建设基础设施实现经济援助，助力经济发展，这一方案与第二次世界大战后美国通过世界银行实施经济援助在本质上是相通的。正是“二战”后的美国方案将人们从恐惧和匮乏中解救出来，开辟了自由贸易的繁荣之路，才得以让战败国德国和日本转变态度，成为维护世界秩序的成员国之一，为世界和平提供有力的制度保障。如今，“一带一路”倡议为身陷恐惧和匮乏的国家及地区带来了和平与繁荣的希望，美国和日本为了本国的繁荣与世界的和平，应该积极参与中国的“一带一路”倡议。

21 世纪，世界的不安定因素越来越多，正在成长为世界经济大国的中国有可能正当其时地在世界和平与发展中发挥重要作用。为实现这一目标，中国不仅需要把阳光这一能源转化到经济体系中以实现自身的改革，更需要国际性协调体制的配合。

2015 年，中国国家领导人提出了“探讨构建全球能源互联网，推动以清洁和绿色方式满足全球电力需求”的倡议。无疑，这有助于把全球能源相互连接的输电网向国际化推进。事实也是如此，中国国家电网积极响应，于 2016

年发起成立了全球能源互联网发展合作组织。全球能源互联网发展合作组织是中国在能源领域发起成立的首个国际组织，也是全球能源互联网的首个合作、协调组织。全球能源互联网既是全人类都能使用太阳电力的技术保障，也是阳光经济的基础。这表明，中国在解决“可持续发展”这一人类永久、核心、重大的课题上，已经走在世界前沿。因此，我将本书的主题定为“阳光经济——21 世纪中国模式的新格局”。那么，如何能够实现这一设想？由于能源是经济体系的基础，为了得到答案，需要从能源的角度将世界经济体系的历程做一梳理。

第一章

石油经济的没落

进入 20 世纪后，世界经济的中心从煤炭经济转换为石油经济，并达到顶峰。然而，石油经济给军事和战争也带来巨大变化，引发世界经济大萧条、世界大战和石油争夺战等一系列问题，逐渐显现出其局限性。在石油世纪即将终结之时，世界各国采取了不同的应对措施。

一、石油经济

18 世纪中期至 19 世纪，英国在产业革命后一跃成为 19 世纪的世界第一经济大国。在此之前，中国曾在相当长的历史时期保持着世界第一经济大国的地位。

（一）从煤炭经济到石油经济

18 世纪中期，英国发明了以煤炭为燃料的蒸汽机，拉开了近代工业革命的序幕。随着蒸汽机发明的出现，以蒸汽机为动力的火车、轮船等交通工具引发了交通革命，衍生出田园都市生活圈。人们乘坐轨道交通工具往返于城市与乡间，轮船将世界各个港口连接起来，推动了港口城市的发展。与此同时，生产、贸易、金融和信息等新经济体系应运而生。

从能源角度重新审视煤炭经济时，我发现把“煤炭经济”作为经济形态是可以成立的。煤炭经济的鼎盛时期在

19 世纪，其中心是英国，伦敦则成为中心的中心。那一时期，由英国生产的大量工业用品，通过蒸汽轮船运往全世界销售，随后英国再把积累的财富投资到世界各地。自此，以伦敦为中心的国际金融产业开始飞速发展。

从 16 世纪开始，在西欧列强争夺殖民地的战争中，英国就已经成为霸主。英国统治着七大洋，到 19 世纪又成为煤炭经济的支配者，其鼎盛时期是维多利亚女王时期（1829—1901 年）。维多利亚女王在位时间长达 63 年，该时代被英国人自豪地称为“大不列颠的和平时期”（英国的和平）。然而，对被奴役的亚洲人和非洲人来说，却是被榨取和威胁的时代。正是英国以及西方各国对煤炭经济的寡占，才使他们得以在全世界建立殖民地。在煤炭经济的驱动下，英国成功地研发出火力较强的新武器——蒸汽军舰，它既有战斗力又有机动性，这是以往的帆船无法匹敌的。同时，英国还研发出采用最新工业技术的大炮。正是依靠强大的军事力量，英国战胜了欧洲列强，控制了世界的经商要道和重要港口，并在亚洲、非洲等地不断建立殖民地以扩大其统治范围。

进入 20 世纪，以石油为中心的石油经济逐渐取代了煤炭经济。石油经济诞生于美国，当时美国是世界上最大的产油国。石油在常温下呈液态，便于运输和使用，并且可以从中获取大量的热量。这一优质能源的广泛使用，让美国等国家快速跨入了汽车社会。与此同时，还发明了可绕地球飞行一周的飞机、便民的石油化学产品以及有助于农业增产的农药等，这些发明为人类经济带来了前所未有的飞速增长。

石油经济的基本逻辑如下。

首先，能源开发刺激了大企业的诞生。19 世纪后期，在美国的宾夕法尼亚州和俄克拉何马州等地陆续发现了大型油田，一夜之间，美国跃居为世界最大的产油国。到了 19 世纪末，据推算，仅美国宾夕法尼亚州的石油产量就占世界总产量的 85%，这巩固了美国世界第一产油大国的地位。巨大的油田促进了大型企业的诞生，1870 年，约翰·洛克菲勒创办了标准石油公司，凭借其独特且带有攻击性的经营手段和技术革新，公司的规模迅速扩大，几乎垄断了整个美国精制石油生产和销售的市场。尽管这种强制性的经营模式和市场垄断遭到世俗的批判，但到了 19 世纪末，标准石油公司的石油精制规模已经占全世界的 90%。

其次，能源需求的改变推动了技术革新，进而引发了交通革命。船只燃料由煤炭改为石油后，出现了运输量较大的大型客轮、货轮以及速度极快的水翼艇等。很快，石油成为交通工具的主要驱动燃料。油灯曾经是石油需求的重心，随着动力和能源转变为石油需求的重中之重，石油经济应运而生。德国的戴姆勒和奔驰在 1885 年发明了汽车，以汽油发动机为驱动力。然而，当时汽车是只有特权阶级才能购买的奢侈品。直到 1908 年，美国的亨利 · 福特公司发售了一款福特 T 型汽车，因其实现了大规模的流水线生产，使汽车价格大幅下降，美国的普通民众也开始拥有自己的汽车。第一次世界大战期间（1914—1918 年），世界上每 6 辆汽车中就有 5 辆是由美国生产和销售的，美国成为以汽车为中心的社会。美国民众的生活发生了巨大变化，活动范围和移动的自由性更广泛，上班、销售、旅行、驾车兜风、购物、约会、聚餐等生活模式开始依赖汽车。这又引起了产业、居住、都市、土地利用以及经济等领域的变化。

继汽车之后，人类又成功发明了飞机。同样是以燃油发动机为驱动力，飞机比汽车速度更快、运输距离更远，可搭载更多的乘客且更安全。1969 年，美国波音公司研发出可搭乘 500 人的大型喷气式 747 客机。同年，航行速度达 2 马赫的协和式飞机完成首次试航，飞机的技术创新达到当时的顶峰。20 世纪中期，美国成为世界上最大的航空市场。

再次，能源类型的改变进一步确立了石油经济。无论是家庭、办公室，还是各大公共场所以及工厂的供暖设备和锅炉，都在使用石油作为燃料，这些设备的热源或动力源的燃料由煤炭转变为石油，象征着煤炭经济向石油经济的转换。在冶炼石油的过程中，天然气是其中的一种成分，沸点最低，被称为石油副产品，初期作为废弃物直接在油田燃烧。20 世纪 50 年代，随着液化技术水平不断提高，天然气逐渐作为燃料被使用。因此，天然气也属于石油经济的一部分。

最后，石油这一能源优势确立了美国的军事霸主地位。美国是世界最大的产油国，“一战”后，美国成功地取代英国成为世界第一经济大国。之后，作为石油式新武器研发和生产的第一大国，它又成为世界军事霸主。世界战争逐渐演变为石油战争。

石油经济给军事和战争带来了巨大变化，石油成为左右战争的重要战略物资，一滴石油一滴血。1914—1918 年的第一次世界大战是人类遭遇的前所未有的悲惨战争。与此同时，为了提高综合战斗力，各国致力于研发新式武器，一批以石油为燃料的战斗机、轰炸机、坦克战车以及大型高速战舰等新式武器被投放到战场。煤炭式武器逐渐被石油式武器所替代。石油扩大了战争的规模，而大规模的战争又促进了科技的发展，科技的发展又推动了石油经济的发展。这是一个不断循环的过程。

（二）大萧条、世界大战与石油争夺战

第一次世界大战后，美国成为石油经济的中心，呈现出一派盛世景象。然而，狂热的美国经济在随后不久却出现了大萧条。1929 年 10 月，持续上涨的股票市场出现大幅暴跌，随后是房地产大跌，引发银行和企业的一连串破产。由美国引发的金融危机波及欧洲和日本各国，导致世界性大萧条。老牌的殖民地帝国——英国和法国，以及世界第一经济大国——美国为了保护本国经济，推出了“锁国经济”，禁止与其他国家的进出口贸易。贸易保护政策出台的结果是，沉重打击了殖民地以及资源匮乏国家的经济。

在“一战”的战败国——德意志帝国瓦解后，新成立的魏玛共和国承担了巨额的战争赔款。由于魏玛共和国无力还债，法国占领了德国当时最大的工业区——鲁尔工业

区，从而进一步重创德国经济。雪上加霜的是，由于大萧条，美国撤回了在德国的全部资金。这些因素导致魏玛共和国经济和政权的最终崩溃。之后，以希特勒为首的纳粹党通过民主选举获得政权，宣布要重整军备，征服欧洲。希特勒政权甚至超越美国，成功地把石油经济普及德国各地。纳粹德国效仿古罗马帝国，在全国修建免费高速公路。国民汽车——大众汽车研发成功后，迅速普及全国各地，德国快速进入了汽车社会。同时，德国先美国一步，对银行和存款采取保护政策，成功遏制了金融危机。随着以军需产业为中心的经济步入正轨，德国的失业人数大规模下降。

至于日本，在提倡与中国和平相处的总理被杀害后，日军大举侵略中国东北，开始了长达15年的侵华战争。3 000年来，中国一直向日本传播文化，给日本带来文明。日本却向中国发动战争，给中国人民带来极大的灾难和痛苦，这应该是日本有史以来最大的罪行。而日本与意大利、德国联盟，则是日本开始与世界为敌的标志。纳粹德国侵略欧洲、日本偷袭珍珠港事件后，第二次世界大战反法西斯同盟国形成，并以德国、日本等轴心国的战败而告终。

德国想要霸占欧洲的军事支配权，与日本联盟后，就可以将第二次世界大战的战火蔓延到世界各地。本质上，这是一场争夺石油资源的战争或是因为石油而升级的战争，如果没有石油，战车、战机以及军舰都无法正常运转。当美国宣布禁止向日本出口石油后，日本便决心要向美国开战，而德国也是为了争夺苏联的石油资源而发动突然袭击的。

20 世纪是一部人类争夺石油的历史。虽然第二次世界大战以中美英联军获胜而告终，但石油的争夺战仍未结束。

（三）中东石油时代

“二战”结束后，中东超越美国一跃成为世界上最大的产油地，美国则从石油输出大国变成石油进口国家。资源匮乏的日本，更要借助进口廉价的中东石油来发展本国工业，进而实现战后经济的快速增长。中东石油因此成为世界石油经济发展的支柱。

为了确保自身在石油经济中的盟主地位，“二战”后，美国一直以武力控制中东。美国国内有两种观点，一种观点主张解放殖民地，另一种观点主张以武力控制中东，双方矛盾持续至今，并且把中东问题升级为世界问题，这也体现了石油经济的本质。当然，石油经济的本质恰恰是石油经济向阳光经济转型的价值和意义所在。

1908年，英国人在波斯（现在的伊朗）发现了油田。第二年，英国以此为母体成立了石油公司，即英国石油公司（BP）的前身。1918年，“一战”后，西欧诸国拆解了奥斯曼帝国，它曾经统治中东、北非、巴尔干半岛等地长达600余年，并且实现了多民族、多宗教的融合。现在的伊朗、科威特、叙利亚、黎巴嫩、约旦、巴勒斯坦、以色列等奥斯曼帝国的旧领土被英法两国以“信誉托管”的名义瓜分占领。实际上，英、法两国是为了霸占和支配石油。“一战”期间，英国曾承诺帮助阿拉伯人和犹太人独立并保障他们的国家建设，这是导致战后两个民族之间的矛盾以及巴勒斯坦问题的重要原因，也是现今中东纷争、欧洲恐怖事件以及难民问题不断恶化的根本原因之一。

“二战”后，中东诸多国家积极接受美国支援，纷纷从欧洲的殖民统治下独立。1948年，以色列宣布要在巴勒斯坦建立国家，因此引发了与阿拉伯各国的第一次中东战争，导致大量巴勒斯坦难民出现。以色列胜利并独立后，不断接受来自美国强有力的支援，在中东问题纷争中接连胜出。阿拉伯各国与以色列的对立给世界经济带来了巨大影响。

1973 年 10 月，第四次中东战争爆发，以阿拉伯产油国为中心的 OPEC（石油输出国组织）宣布向支持以色列的国家禁运石油，从而引发了世界性石油危机和物价暴涨（见图 1.1）。在日本，消费者囤积物品的行为导致超市甚至连卫生纸都断货了，从而引发恐慌、物价暴涨以及经济下滑，造成日本在“二战”后首次出现经济衰退。日本的畅销小说《日本沉没》就是该时期的作品。石油危机让日本彻底明白其对石油的需求和依赖，至今仍然无法掉以轻心。

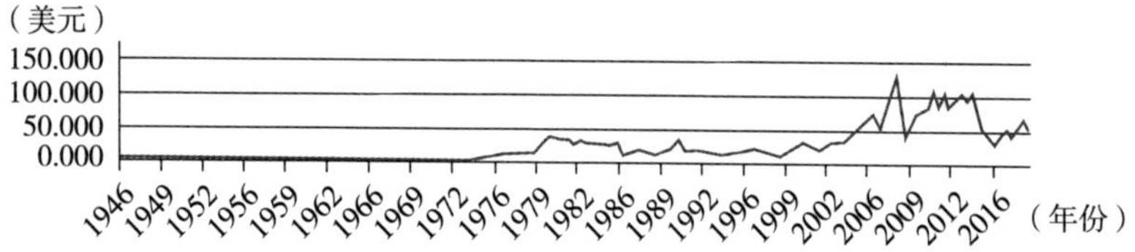

图1.1　WTI原油价格变动表

其实，在石油危机前，中东产油国与欧美各国就已经出现对立。1951 年，伊朗总理摩萨台试图将英国控制的英伊石油公司收归国有，但因英、美两国干涉，在经历了一系列的政治斗争和军事斗争后，摩萨台的改革以失败告终，他本人也因此被捕。巴列维国王领导的亲美政权恢复统治。然而，伊朗石油国有化的试运行对伊拉克、阿尔及利亚以及利比亚产生了影响，促使这些国家的政府成功夺回石油开采权并实现国有化。1979 年，伊朗爆发伊斯兰革命，巴列维国王遭到流放，伊斯兰的领导者受到国内民众的欢迎和支持。

1980 年,伊拉克进攻伊朗,欧美各国和苏联支持伊拉克。直到 1988 年，两伊战争以双方停止战火得以结束。伊拉克在长期的战争中受到了严重损失，经济濒临破产。1991 年，伊拉克向科威特发起进攻，因此同多国部队爆发海湾战争。2001 年，基地组织在美国本土实施恐怖袭击。2003 年，美国进攻伊拉克。之后，伊拉克和叙利亚的恐怖组织不断壮大，导致中东内战不断爆发，社会混乱，大批难民涌入欧洲，恐怖袭击不断扩大。以产油著称于世的中东最终变成世界战争、恐怖袭击、民族纷争、内战以及难民问题爆发的中心。

20 世纪 80 年代末，美苏两国“冷战”结束时，美国历史学家弗朗西斯·福山曾提出“历史终结论”，指当时的世界战争威胁正在走向终结并将迎来和平时代，这一观点给人类带来希望。中东乱局有历史、宗教和民族的因素，但很大程度上是因争夺石油而导致的。“一战”后，英、法两国为了争夺石油，放弃了在奥斯曼帝国解体时提出的“民族自主”和“独立”主张。“二战”后，由美国主导的中东政策，同样是主张民族自主和产油国的石油国有化。然而，

70 多年来，世界最大的产油地——中东仍然战争不断、恐怖事件频繁发生。欧美各国尤其是美国对中东地区的内政干涉，以及中东地区自身的民族问题、部落问题、宗教问题、政治组织以及恐怖组织之间的纷争等，直接导致即使到了 21 世纪,中东问题依旧悬而未决。归根结底,因为石油，战争永无止境。

二、石油经济的局限性与全球经济危机

“二战”后，世界最大的产油地由美国变为中东。不幸的是，自 20 世纪初期中东发现大型油田后，地域间的纷争就再也没有停止，中东地区发生的恐怖事件及其引发的难民问题，向世界各地扩散。随着石油经济达到临界点，加上中东危机的双重打击，全球将面临“二战”后不曾经历的政治经济风险，所以人类应该尽快摆脱石油经济。不过在此之前，有必要了解几个与石油经济相关的问题。

（一）石油经济的本质缺陷

首先，石油经济不可持续。作为当今世界最重要的能源，石油支撑着现代社会的经济活动运转，也因此加剧了政府和民众对石油终将枯竭这一现实问题的恐惧。石油及其副产品（天然气）只存在于地球上的特定区域，资源有限、分布不均等、不可再生。随着全球消费的增加、能源价格

的上涨，资源枯竭的风险越来越高。目前世界原油储量为 1.2 万亿～1.3 万亿桶，如果按照 2017 年的使用量来计算，还可开采 40~50 年。今后虽然有可能发现新油田，但石油消耗也在不断增加。如果各国不彻底改变能源使用类型，未来势必面临严峻的能源供给不足问题。当争夺石油这一有限资源的矛盾激化时，人类的生存就会受到严重威胁。

截至目前，一直是发达国家主导世界经济。当发达国家因资源匮乏而被迫停产、不能继续发展时，就会波及世界其他国家的经济，引发经济衰退。20 世纪 70 年代初期爆发的石油危机就是例证。危机引发人们对石油将会枯竭的担忧，随后导致经济大萧条。相较于发达国家，发展中国家由于缺少具有竞争力的大型跨国企业，面对危机会更加束手无策。那些非产油国不仅缺乏资金，人才流失也很严重，众多技术熟练的工人和优秀科学家争先恐后地移民到发达国家，一去不返。

随着世界经济的发展，环境也势必受到影响。使用石油、天然气、煤炭产生的二氧化碳导致全球气温不断升高。在未来的 50 年，全球气温将大幅升高，气候也将随之发生巨变，干旱、台风等自然灾害将会危害全世界。资源浪费以及污水随意排放会导致自然环境受到破坏和污染。以石油为原料的化学纤维、塑料等被用于制作各种工业产品，化肥也是一种以石油为原料的化学产物，它虽然可以促使农作物增产，但也会对人体和土壤造成不良影响。

其次，经济全球化使石油经济难以自我调节。以往，资源缺乏是阻碍世界经济发展的刹车板。为了解决这一问题，各国政府往往会放任经济萧条，让消费需求自然下降。经济萧条和节能环保运动两方面的作用加速了石油需求下降，进而引发石油价格下跌。然而，全球化的发展让“资源不足”这一经济刹车板的作用失灵了。原因之一是，资源不足问题在慢慢弱化。因为全球范围内存在许多可供使用或流动的廉价劳动力和土地、低利率资金，而大型跨国企业可以在世界各地寻找商机。随着互联网的发展，人们可以迅速获取最新知识、快速捕捉信息，价格洼地会被迅速填平。于是，虽然石油价格上涨，但石油并未消失。

另一个原因是，各国企业的普遍盈利模式：成本最小化、利益最大化。发达国家的企业在发展中国家设厂生产，然后向全球销售；发展中国家的企业紧随其后，因为在全球各地工厂生产的商品以及网络销售的产品价格在不断下降。如此一来，全球各国的企业都能实现利益最大化。随之而来的是，股价上升、资产增加、住宅价格不断上涨。随后，又带来新的消费，经济得以持续增长。

时至今日，即使石油价格大幅上涨，也不会出现 20 世纪 70 年代石油经济危机引发的通货膨胀、利率上升的局面。不过这也将导致节能运动和环保举措很难推行。20 世纪 70 年代，日本推行节能环保运动的动力是，此事关系到国家生死存亡。面对土地、劳动力成本的高涨，当时的日本政府不得不将节能环保放在首位。令人欣慰的是，除了在日本国内减少能源消耗外，日本还研发出了低耗能的汽车并向世界销售，也因此形成了日本汽车产业的竞争优势。

再次，后发国家的能源需求将加剧石油经济的问题。目前在中国，节约能源尚未关系到国家的生死存亡。只要中国的土地和人工成本低于发达国家，企业提高生产便可实现赢利。这也是为何人们不大愿意在节能环保上投入太多的人力、物力。然而，当前中国的经济发展已经受到能源、资源、粮食、水以及环境的制约。以汽车为例，就能说明事态的严重性。中国的汽车保有率越来越高，假如到2050年，中国的汽车保有率赶上日本，则汽车总保有量为总人口 14 亿乘以 0.6，即 8.4 亿辆，届时，中国将消耗多少石油呢？

石油的衡量单位为“桶”，一桶石油约为 159 升，从原油冶炼成汽油又会减少到原来的 1/4，也就是说，一桶原油只能提取40多升的汽油。假如一辆汽车一年行驶1万公里，耗油量为10公里一升油，那么一年的耗油量为1 000升，这辆车每年所需的原油为25桶。到2050年，如果中国所持有的8.4亿辆汽车均以汽油为燃料，那么中国每年将需要210亿桶原油，这是中国目前原油进口量14亿桶的15倍。很有可能，世界能源的供给会因中国的需求而陷入崩溃。

更严重的是，随着经济的发展，印度同样会消耗大量石油。印度是一个年轻人口众多的国家，到2025年，印度将会超越中国，成为世界第一人口大国，占世界总人口的18%，预计将达到16.5亿人。中国和印度如果不及时改变原有的美国式石油消费型经济体制，仅依靠节约能源是无法达到发达国家的经济水平的。换言之，两个人口大国需要彻底摆脱对化石燃料等能源的依赖，才可能实现可持续的经济发展。此外，此前只有发达国家才会面临环境问题，如今，发展中国家也面临着生态环境恶化等问题。

最后，半个多世纪以来未能爆发世界性战争的前提已经逐渐消失。“二战”后，世界经济的基本体制为自由贸易，只要有资金谁都可以购买资源。加之，此前为争夺资源而爆发的战争，其残酷性促使人们深刻反省。这也是为何在“二战”后70年的时间里，没有再发生因争夺资源而爆发的世界性大战。然而，这一前提已经悄然变化。

“二战”后，石油经济一直是支撑世界经济发展的支柱。在一定程度上，可能要归功于美国同沙特阿拉伯和科威特等中东产油国之间的稳定关系。长期以来，美国向产油国提供了大量资金和军事力量，亲美的产油国则同意美国建立军事基地以保护当地外资企业的利益。产油国的主要财富集中在王族等具有支配权的阶级，他们过着上流社会的奢华生活，国内的贫富差距却越来越大。随之而起的是反体制的集团，20 世纪 70 年代末，将亲美国王流放国外的伊朗伊斯兰革命就是反体制集团的政治军事行动。

（二）令人担忧的粮食危机

1972 年，环境系统研究者德内拉・梅多斯、经营学家乔根・兰德斯、社会科学与政策研究专家丹尼斯・梅多斯在合著的《增长的极限》一书中指出，资源将会抑制增长。这一观点引起世界的广泛关注。20 多年后，农业学家、公共行政学者莱斯特・布朗于 1995 年出版了《谁来养活中国》一书，为世界敲响了粮食危机的警钟。该书也成为当年的畅销书，毕竟，粮食是人类生存的根本。

2008 年，随着世界原油价格高涨，小麦和玉米等谷物价格也急速上涨。1960—2000 年，世界人口从 30 亿人增至 50 亿人，增长了近 1 倍。根据联合国的预测，未来半个世纪，世界人口将增至 90 亿人。与之相对，1960 年世界耕地面积为 10 亿公顷，2000 年为 12 亿公顷，只增长了 20%。随着人口的增长，资源和粮食必将出现不足。

首先，饮食结构的改变带来粮食消耗量的增加。随着经济的发展、生活水平的提高，肉食的食用量不断增加。问题在于，肉食的粮食消费效率很低，通常，生产 1 公斤鸡肉需要 2.5 公斤谷物，生产 1 公斤猪肉需要 4 公斤谷物，生产 1 公斤牛肉则需要 7~8 公斤谷物。如果其他国家都跟印度一样，因信奉宗教而主张实践素食主义，那么经济发展未必会导致肉食消费的增加。事实是，肉食摄取量在不断增长。以中国为例，根据联合国粮食及农业组织（FAO）的统计，人均肉类摄取量已经超过日本。

其次，能源价格高涨与替代石油能源的生物燃料的增产加剧了粮食危机。2007 年，美国总统布什签署法案，宣布在未来 10 年要减少 20% 的石油使用量；同时，在未来 15 年内，生物燃料要增产 5 倍。布什政府提出增产生物燃料后，美国中西部谷仓地带爆发了种植玉米的热潮，一年内建成 100 多家生物质燃料工厂，玉米价格随之暴涨。

美国政府的这一政策遭到墨西哥、古巴以及委内瑞拉等以玉米为主食的南美各国的强烈反对，它们认为，这是在跟穷人争夺食物。联合国高官以及媒体都发言称，“生物燃料的大量生产破坏了世界粮食的价格体系”，“有违人道主义”。2008 年,在意大利罗马召开的“世界粮食峰会”上，联合国粮食及农业组织非洲地区事务所长特拉奥雷提出，“因为生物燃料，生产粮食的土地被征用；因为生物燃料，好多国家无法得到育种。所以，应该重新审视生物燃料政策”。峰会上，倡导生物燃料的美国政府代表与巴西代表展开了激烈的争论。同一时期，因非洲撒哈拉以南的粮食价格暴涨，塞内加尔、几内亚等地相继发生暴动，而喀麦隆则因粮食危机引发政变。

最后，粮食生产国的自利和粮食进口国的短视进一步威胁着世界粮食安全。当中南美、非洲诸国面临粮食危机时，欧洲及美国的谷物自给率超过了 100%，且经常为了维持价格而调整生产。普遍的观点是，“即便价格上涨，生产力也有富余”。此观点只适用于那些不会发生粮食危机的国家，对于粮食进口国则不适用。20 世纪末开始，美式全球化在世界上流行，其理论基础是“比较优势原则”——买方通过多方比价后再购买，而生产方只生产自己擅长的产品。长此以往，商品的价格会越来越便宜，这不仅对买方有利，还可以提高整体经济效率。例如，美国盛产谷物并向全世界出口，而无法与美国匹敌的其他国家可以生产甘蔗、咖啡等其他产品。

比较优势原则确立的前提是，确保买方随时可以在市场上购买所需物品。然而，在资源匮乏、能源不足、粮食缺乏的时代，这一原则是无法实现的。粮食价格高涨一定会重创贫困国家，富人可享肉食，穷人却食不果腹。有人认为，"既然在价格上无法与美国抗衡，那不如放弃种植谷物，直接从美国进口"。这种想法非常危险，因为美国不大可能会把为全世界供应谷物作为自己的责任。如果开放全球谷物市场，就有可能导致一些国家放弃粮食的自给自足；如果生物燃料更赚钱，人们就会把原本作为饲料的玉米都用于生产生物燃料，继而把种植大豆及其他谷物的农田改种玉米。试想，一旦出现天气异常、农作物歉收、世界粮食不足等情况，美国会平等地对待本国和外国的粮食需求吗？会以同样的条件出售谷物吗？答案显然是"不会"。我想，美国一定会优先美国国民，甚至禁止出口。当然，这也是人之常情。

人类离开工业品可以生存下去，而一旦粮食不足，至多能坚持几个月而已。无论是发生全球性粮食不足，还是国内粮食不足，主张市场开放的国家应当承担起为其他国家提供一定数量粮食的供给义务，粮食出口国不应在自己想卖的时候主张“全球化、自由贸易”，在供应不足时又以“国家安全保障”的名义禁止出口。当然，政府的终极职责是确保民生，每个国家的政府都应该竭尽全力地保障本国的粮食安全。

（三）石油世纪的终结

20 世纪是美国的世纪，是石油的世纪，是燃油汽车的世纪。19 世纪中后期，石油开始代替煤炭，随后带来第二次产业革命，石油经济时代由此开启。“一战”后，这一新的世界经济框架初步搭建。美国是石油经济的中心国家，它首先成为石油资源大国，继而成为制造业大国，最后又发展成为金融大国，稳居世界第一。然而，美国经济在“二战”后不久达到顶峰，随后，开始出现优势的衰退。

2008 年 12 月，美国原油期货市场的石油价格跌落至 40 美元一桶。虽然近期石油价格再次出现暴跌的倾向，但根据IEA（国际能源机构）的预测，到2030年，石油价格将超过200美元一桶。进入21世纪后，美国发现了页岩油，一跃成为埋藏量世界第一的产油大国，这个发现意味着，美国可能将继续停留在石油经济上。问题的关键是，即使美国一劳永逸地解决了石油的供给问题，石油经济便可以高枕无忧吗？

首先，美国的工业大国地位并非不可撼动。19世纪中期，英国占据全球工业生产的40%，美国不及它的一半。到19世纪末期，美国赶超英国，"一战"前美国工业生产额达到全球的30%以上，是英国的2倍。到20世纪中期，美国工业占世界工业的40%～50%，独占鳌头。不仅如此，美国在汽车、制铁、石油化学、家电制品等多个领域成为行业翘楚。20世纪70年代，美国工业行业在全球的份额降至30%，21世纪后期持续走低，一度低至25%。

汽车产业是石油经济的代表，它陷入困境便意味着美国经济开始衰退。20世纪初期，福特工厂引进输送带生产线，实现了自动化组装，提高了生产率，降低了价格，于是T型车畅销。1910年，美国汽车年产量超过20万辆，1920年达到200万辆。在经济大萧条前，最高纪录为年产459万辆，当时全球每生产6辆汽车便有5辆是美国制造的。

“二战”后，日本、德国争抢市场份额；20 世纪 90 年代以来，韩国和中国也紧随其后。2008 年金融危机后，美国汽车行业的三大巨头深陷经营危机，通用和克莱斯勒接受政府救助，这标志着美国汽车产业从繁荣走向没落。

其次，美国的后继产业尽管优势明显，但难以惠及普通民众。毋庸置疑，美国是世界第一的金融大国，同时也是 IT（信息技术）行业的翘楚。今天，美国的企业仍然在实现经济增长。然而，美国经济的弱点在于就业问题，特别是金融企业和 IT 公司在美国国内的雇员很少，大部分制造业都外包给了中国等发展中国家，还有很多跨国企业为了减少税务，将公司转移至税率较低的海外。因此，即便跨国企业提高收益，也并不代表政府的税收会相应增加。IT 公司的技术多为防卫事业，由政府支持研发。这些依靠国家支持成长起来的企业，为社会所做的回馈或贡献却很少。即便有创业者想要回馈社会，也会受制于“股东利益最大化”这一市场原理。

在美国，大型金融企业垄断着资金和金融技术，而大型 IT 企业垄断着知识、数据和信息，尊崇“胜者为王”。这与垄断石油产业令极少数人获利的模式是有共通性的。100 年前，福特公司将汽车作为大众产品推向市场，在美国兴建工厂，大大缩短了工人的劳动时间，并负担起员工的医疗和养老保险，向政府缴纳高额税款，用个人财产成立福特集团，并成功回馈社会。当时，美国人民普遍怀抱着与国家、企业共荣的美国梦。现在，石油经济时代的优良企业——福特公司开始衰退，美国梦也基本破灭。如何重建民众的美国梦是当代美国面临的最大课题。

中国正处于百年来的发展机遇期，为政者应该充分认识到，能源问题是发展的关键，并将它作为国家的长期战略。鉴于化石燃料终将枯竭，中国应普及太阳能发电，推广阳光经济。中国不能像殖民地时期的西欧列强那样，秉持“弱肉强食”的策略，认为“石油资源有限，要先下手为强”。当然，日本和印度也应该认识到这一点，承担连带责任。与此同时，还应看到，经济的中心即便转移到中国提出的“一带一路”倡议区域，美国依然是世界经济的有力操盘手。中美两国如果不改变以石油经济为基础的经济体系，今后均将面临资源、能源及环境等问题所带来的增长极限。之前，美国的石油大亨手握政权，从不节制石油消费，也无法节制。如果美国依然不改变能源浪费型的石油经济模式，美国的未来将是黑暗的。

第二章

阳光经济的黎明与未来

19 世纪是煤炭经济时代，20 世纪是石油经济时代，21 世纪预计将是阳光经济时代。阳光经济以取之不尽的太阳能源为基础，不仅可以缓解人类的能源和资源枯竭焦虑，还能显著改善人类的生存条件，提高人类可持续发展的可能性。

一、何为阳光经济

考察过去300年的历史，不难发现，经济发展模式具有鲜明特点：能源革命带动交通革命，交通革命催生地域革命，随后引发经济系统的变革。本书将由太阳能引发的全新经济系统称为阳光经济。

（一）作为能源的太阳电力

太阳是万物能量之源，通过阳光提供能量，构成万物生长的生态系统，并对其进行净化，为人类持续创造适宜的环境。具言之，植物通过光合作用生长，成熟后作为人类及动物的粮食，同时也可成为木柴和木炭等燃料；阳光与植物通过光合作用产生的氧气，是人类和动物赖以生存的空气成分；太阳热能将人类不可或缺的水资源转化成雨雪等形式，这是大自然赐予人类的神奇净化系统。

石油和煤炭等化石燃料是另一种形式的太阳能，它们是植物和微生物在太阳能的作用下变化生成的，以矿物质的形式储藏于地下。两者之间最大的区别是，我们现在使用的化石燃料经过上亿年才形成，不可再生；而太阳能则是直接利用当下照射到地球上的阳光，它不会像化石燃料那样在短时间内枯竭。经过百年的科技进步，太阳的光和热、风、海流、温度差、植物，以及雨雪蕴含的水力，所有这些形式都可以被太阳能源以很低的成本转化为太阳电力。这是太阳给予人类的又一恩惠。太阳能与传统能源不同，它可以满足所有新增人口对能源的需求，有可能完全取代石油和煤炭。阳光经济正是建立在太阳电力的基础之上。本节简单分析太阳电力的特点。

首先，可以再生。太阳能是由太阳内部氢原子发生氢氦聚变后释放出巨大核能而产生的。太阳每小时照射到地球的能源相当于人类一年的能源消耗量，可谓“取之不尽、用之不竭”。太阳的寿命会持续几十亿年，较之人类短暂的生命历程，应是可持续的。只要有开采装置，太阳电力便可无限生产，而石油和煤炭资源一经开采便无法二次开采。

其次，均匀分布。阳光无处不在，而且会平等地照射到世界各地。自然能源中有水力、风力、空气热、海水热、地热等，这些能源的来源是太阳。不同形式的太阳能源均可转化为太阳电力，比起分布在局部地区的石油资源，这些能源的分布显得更“公平”些。

再次，普遍存在。太阳的能量以各种形式存在，包括太阳光、太阳热、风力、水力、海流、植物等，都可以转化为电力。目前，全球在建的发电厂中，占比最多的不是风力发电厂，也不是核电站，而是太阳电力发电厂，且数量还在持续增加。其中，中国是建造太阳电力发电厂数量最多的国家。

最后，环保安全。太阳电力是真正意义上的清洁、自然、安全能源。太阳能发电和风力发电都依靠太阳发电，不会产生二氧化碳，所以不会加剧全球气候变暖。更不会像煤炭和石油一样，造成空气污染，危害人类健康。当然，太阳电力也不会存在核电站那样的安全隐患。至今仍令人记忆犹新的是，俄罗斯切尔诺贝利核电站和日本福岛核电站发生核泄漏事故后，造成巨大核污染，导致几十万人无家可归。另外，核反应废弃物的随意排放也会引起严重的环境污染。迄今为止，人类还没有找到适合放置这些废弃物的地方。令人忧虑的是，核电站以及核燃料还可能被恐怖分子利用，制造恐怖事件。随着纳米技术和 AI（人工智能）技术的不断成熟，这一风险将会持续增加。

（二）石油经济与阳光经济的比较

自古以来，太阳能就为人类所熟知。进入 21 世纪，人类运用新科技提高了太阳能的利用效率。太阳在生成太阳电力的过程中不产生二氧化碳，实现了环境的净化和能源的循环利用，生成的水资源可以缓解沙漠化并提高农业的生产效率。人类将迎来一个可循环和环境友好型社会，环境和粮食问题也将迎刃而解。阳光经济为石油经济时代的诸多问题提供了全面的解决方案（见表 2.1）。

表 2.1　石油经济与阳光经济的比较

	石油	**太阳能源**
持续性	约 70 年	20 亿年
地域分布	不平等、不均匀分布	平等、均匀分布
资源性质	不可再生	可再生
资源储存量	枯竭	无穷无尽
环境影响	大气污染、全球变暖	绿色环保、无温室效应
能源价格	上涨	降低
经济体系	独占垄断	资源分布均匀、相互融通、合作互利
世界局势走向	战争、纠纷	相互依存、和平共处

首先，阳光经济有量产效果。这是石油经济所不具备的优点。石油经济时代，资源逐渐枯竭，且经济的发展会带来能源价格的不断上涨。太阳电力正好相反，随着发电装置和输电系统的普及、革新以及规模效益，太阳电力的成本将不断降低。目前，太阳能发电和风力发电的成本已经大幅下降，价格降低将提高普及率。2016 年，美国媒体针对库兹韦尔关于太阳能发电发表的大胆言论进行报道（《财富》2016 年 4 月刊网络版）。受全美工程学界委托，雷·库兹韦尔和谷歌创始人拉里·佩奇进行了一项调查。调查结果显示，在过去的 25 年，世界上太阳能发电成本每两年下降一半，而太阳能能源供给的占比则呈现每两年翻一番的增长速度，2012 年占比达到 0.5%。今后也将维持这一增长趋势，每两年成本削减一半，而供给占比增加一倍。2012—2016 年，太阳能发电成本会下降到原来的 1/4，而能源供给占比则会达到 2%。根据指数函数每两年减少一半的成长法则，未来的 12 年，太阳能发电的成本将会降至现在的 1/64，能源供给占比将会超过 100%（2% 乘以 2 的 6 次方，即扩大 64 倍后达到 128%，所以说超过了 100%）。雷·库兹韦尔认为，即便到那时，用于太阳能发电的太阳能总和也只是照射到地球的太阳能总量的万分之一。

未来太阳电力的价格将会远远低于石油等能源的价格（见图 2.1）。

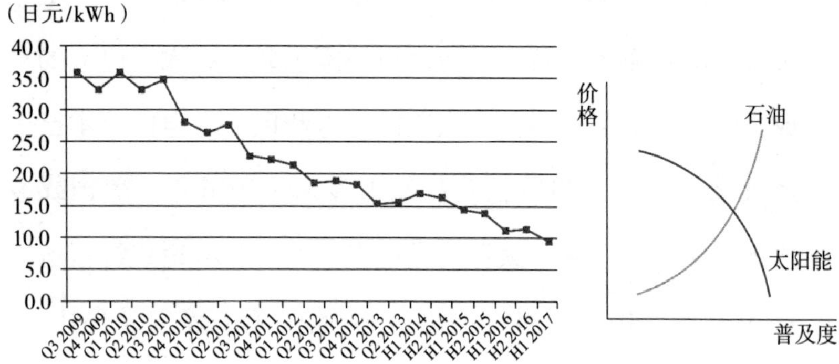

图2.1　太阳能发电每kWh对应的发电成本推移图

资料来源：彭博新能源财经（左图），成长战略综合研究所（右图）

其次，阳光经济依赖于全球合作共享。通过全球能源互联网的互通，将太阳电力输送到全国各地，甚至世界各地。目前，现有的输电网数量还远远不能满足人类的需求，只有将全球的输电网相连，搭建全球能源互联网，才能将无限的太阳电力输送到全球。值得一提的是，富勒在《关键路径》一书中提出“世界能源共享计划”，并对建立全球电力能源网的必要性做了详细阐述。

再次，阳光经济是无害的经济模式。人类的终极能源是核聚变，太阳能也是因核聚变产生的，因太阳距离地球很远，所以无须担心核聚变产生的辐射给人类造成危害。地球原本就是太阳能的一个接收体，人们只需要利用自己的智慧和技术，将其转化为太阳电力即可。如果能源供给可以完全依靠太阳电力实现电化（日语中将最终消耗的能源转化为电能的过程称为电化），就可避免因煤炭和石油燃烧产生的二氧化碳排放问题。植树造林后，森林可以重新吸收二氧化碳，起到抑制温室效应、减缓全球变暖的作用。从这个角度看，阳光经济是以无害、免费的太阳核聚变为基础的经济模式。

又次，阳光经济可产生良性连锁效应。与半导体和家电一样，太阳电力的发电成本会随着技术进步和普及持续下降。世界著名的技术预测专家预言，太阳电力成本将会大幅降低，今后还会持续下降，而它在人类能源消耗总量中的占比会大幅上升。如果太阳电力的发电成本持续下降，即使在寒冷地带和沙漠地区搭建输电网或构建全球能源互联网上花费一些费用，综合来看，太阳电力的成本还是会持续降低。而且，特高压（UHV）输电技术可实现超长距离输送电力，覆盖全球。目前中国已经开始投入使用。

太阳电力成本持续下降，将促进能源电化。于是，电动汽车将取代传统燃油汽车，供暖和厨房的火炉都将被电力取代，工厂和农林水产业普及使用电力。这有利于减少废气排放，提高空气质量并改善环境。随着水、土壤净化装置的耗电成本下降，海水淡化、污水处理、土壤恢复会更容易。植树造林方面，引进自动化机器，可实现大规模种植。河流和湖泊会清澈如初，农田复耕。届时，人们可以喝到安全纯净的饮用水，拥有充足的农业用水、健康的农作物，以及自然生态森林。

最后，资源回收问题有望得到有效解决。结合低廉的太阳电力、技术革新、回收利用的义务化等社会制度，可通过较低成本实现工厂废物、生活垃圾以及产业废弃物等资源回收。工厂的环境净化机器运转成本大幅下降，从排放物中提取有用物质回收再利用，而不是直接排放到空气中造成环境污染。城市将会成为一个可以创造资源的“都市矿山”，因而可以减少不必要的资源进口并避免过度开采新矿。

二、阳光经济的架构

太阳能发电是阳光经济体系中的一部分，从技术进步与革新的角度来看，太阳能发电是最先进也是变化最大的领域。太阳能发电的普及和成本下降，会促进太阳电力占比越来越大，甚至在实现经济全面电化以及向阳光经济整体转换方面，发挥着至关重要的作用。关键预言往往来自关键人物。雷·库兹韦尔是美国的发明家、实业家、人工智能研究学者，还被称作未来预言家（futurist）。他成功地预言了电脑、互联网、DNA（脱氧核糖核酸）解析等的普及速度，并因此备受关注。2005 年，他出版了《奇点临近》（*The Singularity Is Near*）一书，指出加速回归定律促进各种技术不断进步，到 2045 年达到技术奇点（technological singularity），人类文明也将迎来巨大的转折。

（一）阳光经济的前提条件

第一，搭建全球能源互联网。太阳电力具有取之不尽、平等、安全、环保、价格低廉等优点，未来太阳电力发电所占比例将会大幅增加。在无人居住的撒哈拉沙漠、戈壁沙漠、阿拉伯半岛等地有着丰富的太阳光发电能源，理论上，仅中东地区的太阳能发电量就足以满足全人类的需求。另外，在欧洲北海和俄罗斯靠近北极的地区，也有一些地方适合海上风力发电。西伯利亚的河流像大海一样缓慢流淌，如果利用大河的潮流进行水力发电，可以实现大规模的低成本发电。但是，如果我们无法把太阳电力输送到各个消费地，电力再充沛也无济于事。

更重要的是，太阳电力在世界上是一种分散型能源，同风力发电一样，因气候、昼夜不同，有不同的发电模式。同一地区，既是能源的产出地，也是能源的消费地。与之相比，石油资源的生产区域和消费区域都是固定的。因此，为了在世界各地推广阳光经济，满足全球巨大的能源需求，最重要的是搭建跨越国境的输电网，做到从能源产出地到能源消费地之间的双向输送，实现全球能源共享。由于与太阳相关的能源分布非常广泛，不仅需要把现有的输电网并入全球能源互联网当中，还需要修建可输送超长距离的新型输电网。而且，只有将两种输电网一同并入，才能实现全球能源共享。目前，中国已经实现利用特高压输电技术进行超长距离输电，在全球能源共享方面发挥了引领作用。当然，为了搭建全球输电网络，中国还须借鉴日本研发的高温超电导输电技术。

全球能源互联网不仅可以输送太阳电力，也可输送石油、煤炭以及天然气等化石燃料或核能发电产生的电力。因此,输电网是开放式的。人类已经通过搭建电力通信网络，来实现全球信息共享，通过穿梭在陆地和海底的光缆，实现全球网络化。在全世界搭建全球能源共享的太阳电力输电网，对于实现阳光经济至关重要。需要强调的是，修建大型输电网与家庭型太阳能发电、村庄为单位的太阳能发电、风力发电、小水力发电以及地热发电并不冲突。各国应该鼓励小范围内的自给自足或者说是自产自销型的发电模式。

第二，能源全部电化。阳光经济的另一必要条件是经济发展所需的能源全部实现电化。如果能将最终消耗的能源逐步转变为电力，那么无疑有利于经济整体所需能源向太阳电力转变。目前世界能源消费大部分是煤炭、石油、天然气等化石燃料，电力所占比例不足 20%。汽车、船、飞机等运输工具，拖拉机、耕种机等农用机器均以石油为燃料；家庭、工厂、农场等地的供暖设备也使用石油燃料；大部分的工厂及办公室的锅炉使用煤炭燃料。

中国面临严重的环境污染问题，所以将化石燃料电力替换为太阳电力，实现所有能源的电化，对于中国意义深远。化石燃料燃烧产生的二氧化碳排放到空气中造成温室效应，使全球变暖的问题越来越严重，同时，因气候异常带来的自然灾害、农作物减产、沙漠化等各种问题正在威胁人类的生存环境。不可否认，当今许多发达国家的繁荣都是建立在大量排放二氧化碳的基础之上的。在 21 世纪，中国有望成为世界第一经济大国，中国应该率先解决环境问题，这将给世界其他国家带来正面影响。考虑到太阳电力相对石油燃料以及直接燃烧的化石燃料更清洁，如果燃料都转换为电力，对环境和人体健康的影响将会很小，效率也会更高。与直接燃烧煤炭供暖相比，电力供暖在取得同等热量的基础上，产生的污染更少。

第三，获得制度支持。太阳电力具备满足人类生存条件的无限量、可持续性等特点，且存在于世界各个角落。为了全人类能够共享太阳能带来的福利，需要构建全新的经济体制。只有“阳光”和“经济”两个条件同时具备，人类才有望迎来阳光经济。为搭建使用太阳能的阳光经济，世界将如何构筑新的经济模式？有志成为世界最大经济国的中国，又该如何做出自己的贡献呢？后续会详细说明（见图 2.2）。

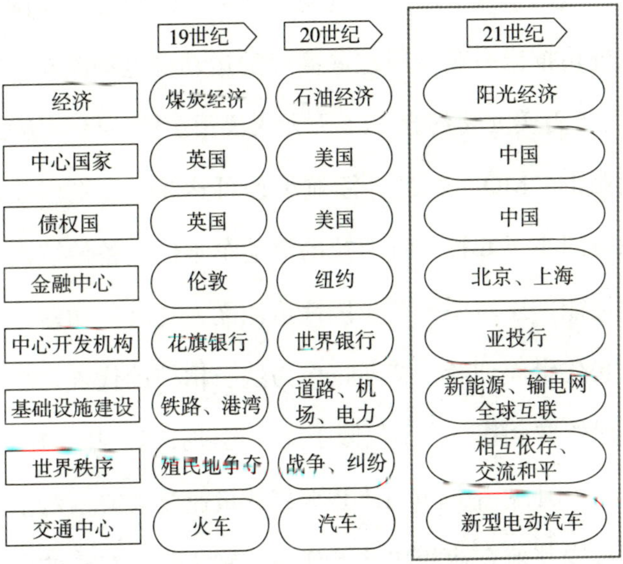

图2.2 输送太阳电力的体系和全球能源互联网

（二）新型电动汽车的现状与电源供给

太阳电力的核心是太阳能发电，随着太阳电力成本逐渐降低，电动汽车将成为主角。自 1997 年日本开始销售世界上第一台混合动力（HV）汽车“普锐斯”开始，汽车电化就迈出了新的一步。现在，100% 依靠电力驱动的电动汽车（EV）已经在全世界引起新的革命。

目前，日产、三菱等日本企业生产的电动汽车数量占全球产量的一半。不过，电动汽车革命的中心在美国。特斯拉公司推出一款既时髦又高级的运动型电动跑车，2017 年以 3.5 万美元（约合 17.5 万元人民币）的价格开始发售。普及版的“MODEL 3”，续航里程可达 345 公里、破百公里的时间小于 6 秒。特斯拉的电动车不仅具备传统汽车的优越性能，还增添了“阶段性追加无人驾驶”功能。美国硅谷文化崇尚创新，特斯拉作为这一精神的代表，在美国有很深的群众基础，不仅限于无人驾驶技术。特斯拉宣布，不只在美国,在中国和日本也要修建极速充电站。仅此一点，特斯拉同其他企业相比并无任何特别之处。有趣的是，特斯拉还计划通过子公司太阳城，在个人家庭屋顶上安装太阳能板，用于为电动汽车提供充电服务。而且，特斯拉免费提供太阳能板，它用发电的收入抵销安装费用获取利润。如果这一设想能够实现，汽车动能可完全由太阳电力取代，电动汽车的阳光经济由此诞生。

在阳光经济的基础上，实现私人电车这一未来汽车宏图是特斯拉的终极发展目标。特斯拉总部位于加利福尼亚州，加利福尼亚州非常支持和推崇特斯拉的改革式商业模式。曾经丰田“普锐斯”等混合动力汽车因节能环保，在加利福尼亚州享有优惠税收政策，但如今已从环保名单中除名，销售也面临窘境。今后，随着无人驾驶功能以及冲撞回避功能的完善，零交通事故的自动驾驶汽车上市后，在加利福尼亚等地，很有可能会禁止传统汽车的销售及行驶。特斯拉的 CEO（首席执行官）埃隆·马斯克同时是 Space X（美国太空探索技术公司）的创业者，Space X 在商业卫星市场占有很大市场份额，从 NASA（美国国家航空航天局）招聘一流研究者，成功研发远低于一般市场价格的火箭。除智能手机和汽车导航外，未来无人驾驶电动车也需要从商业卫星获取位置信息，在这方面，特斯拉拥有强大的实力。

太阳电力驱动电动汽车，实现无人驾驶，并提供所需的位置信息。本书书稿完成时，特斯拉的宏伟蓝图能否实现还是未知。犹如 Netscape（网景公司）一样，曾在互联网黎明时期起到领航的作用，但现在已不复存在。特斯拉虽预示着汽车的未来，但进入私人电车时代后，它也许会退出历史舞台。特斯拉能否像丰田和通用那样，实现每年千万辆的产能规模也不得而知。不过，我们还应看到，Netscape 创立于 1994 年，1998 年被收购后已不复存在，但它所提倡的互联网社会已在全球得以实现。同样，特斯拉即便在未来被淘汰，新型电动汽车可能已经已从石油经济转化为阳光经济，汽车从原本便利但危险的代步工具，转变为安全、便利且适合人类生活的私人电车、辅助机器人。

回到根本，新型电动汽车的发展还取决于电源供给和电力系统能否支持。截至 2018 年，世界能源使用量的结构中电力使用量所占比例为 20%。根据联合国的预测，到 2050 年电力将占到 80%。这是目前电力在世界能源结构比例的 4 倍多。更重要的是，到 2050 年大约 80% 的电力将通过可再生能源来供应。一方面的原因是，随着技术的发展和普及，包括太阳能在内的发电成本会逐年递减，特别是太阳能发电中的太阳能电池板采用半导体技术，而半导体技术革新决定了每两年价格就会减半一次（这被称为半导体的摩尔法则）。另一方面的原因是，全球已成功搭建输电网——全球能源互联网。它以中国为首，获得了联合国的支持，可在全球范围内不断扩大输电网络的连接。两方面的因素共同决定了，可再生能源在电气中所占比例将会越来越大，新时代的能源系统将应运而生。

从电力产业的观点来看，新型电动汽车（NEV）被认为是新时代的能源系统。因为对电动车来说，蓄电池的电力是必不可少的元素，如何把电力储蓄到电池中是目前的一大技术难题。新型电动汽车可以实现电力与电池相融合，不仅可以作为出行工具，而且也起到蓄电池的作用。它不仅可以给没电的电池充电，还可以更换有剩余电量的电池。未来还将实现通过公路直接给汽车充电，这与现在的电车一边行驶一边从电线获取电力的原理非常相似。本书认为，新型电动汽车的电源供给问题可能会与电力系统问题同时得到解决。

（三）新型电动汽车驱动的阳光经济

正如燃油汽车的普及推动了石油经济的发展，新型电动汽车则是实现阳光经济的关键。新型电动汽车不仅会带来交通领域的变革，还将消除城市与地方、城市与农村之间的交通差距，从根本上改变交通模式，带动城市与地方以及农村之间的区域革命，进而引发整个社会的经济革命。

关于交通领域的变革，首先是无人驾驶技术的应用。

无人驾驶汽车不但具备电动汽车的优点，还可以像出租车一样，无须亲自驾驶就可到达目的地，实现点到点的移动。无人驾驶技术会具有自动回避冲撞的功能，如果能够真正实现这一功能，驾驶员就无须担心会发生交通事故了。世界上拥有无人驾驶专利的是谷歌（Alphabet 公司），谷歌创始人谢尔盖·布林同时也是特斯拉创业初期的大股东。除了世界上主要的汽车制造商外，谷歌等 IT 企业，甚至主营共享汽车业务的 UBER（优步，在中国已被滴滴收购）等利用 IT 技术，也加入了争夺电动汽车无人驾驶技术的竞争，谁将胜出仍是未知数。

目前无人驾驶技术已有很大进步，处于辅助驾驶 2 级水平，而全球汽车企业和研究所的最终目标是 4 级完全无人驾驶技术。未来无人驾驶汽车将会是电动汽车，而且是以太阳电力为驱动能源的电动汽车。这是因为，与燃油汽车和混合动力汽车相比，电动汽车的动力系统和控制系统相对简单。此外，电动汽车属于电子产品，比传统汽车更容易实现电子控制、电子信息化、IT 化以及人工智能化，且生产和使用成本会大幅降低。

其次是实现汽车共享。无人驾驶普及后，共享汽车将会被普遍认可。届时，人们无须再花高额费用购买汽车、租赁停车位。只需支付费用，即可选择自己喜欢的汽车类型，让其来迎接自己并送往目的地。电动汽车同地铁和电车一样，只要缴纳费用便可乘坐，而不同的则是电动汽车可以作为私人交通工具。新型电动汽车可以理解为私人电车，车上只有乘客，没有司机，是名副其实的私人电车。

再次是高性能的安全控制系统。为了监控可视范围内的东西，需要可以处理大量信息的安全控制系统，包括利用先进的 IoT（物联网）和 FINTECH（金融科技）技术打造征收费用的系统，以便做出合理的安全判断。日本已经研发出先进的非接触式充电技术，把它埋于高速公路路面之下，虽然与地面保持一定距离，但与高速铁路一样，在高速移动的过程中可实现自动充电。尽管目前技术上还存在很多缺陷，但是如果这个技术得以实现，理论上可用于现存的公路，实现汽车的高速化和大容量化，并可减小行驶车距。

关于地域革命，当新型电动汽车成为私人电车后，人们的生活方式也将随之发生变化，同时引发地域革命。当新型交通基础设施建成后，城市之间以及城市与地方之间的通行会比现在更便利，城市与地方之间的交通差距将会消除。目前日本仅大城市拥有健全的公共交通系统包括 JR

（日本铁路公司）、私营铁路、地铁和公交等交通网络，居民不必使用汽车。相比之下，地方交通的 90% 以上需要汽车，这更加凸显了城市的便捷和地方交通不便的矛盾，导致人口过密或过疏的问题。一直以来，人类居住和经济活动都是从农村或偏远地区向城市转移，导致城市人口密度过高。新型电动汽车兼顾汽车与电车的优点，大幅拓展了人类生活圈和经济活动范围，也解决了电车拥挤和高速拥堵等效率低下的城市问题。未来如果实现了大容量化和高速化，便可兼有高速交通的便利性。当这些可能性实现时，无论是既有地区还是新兴地区，都将会修建适合电动汽车行驶的道路、建筑物，制定相应的交通规则，与其他交通工具联合，引发地域革命，促进各区域繁荣发展。

此外，实现汽车共享后，汽车数量将急剧减少。通过出租车和私家车的对比便可发现，私家车的年利用率约为 5%，而出租车的年利用率高达 50%~70%。出租车作为既有的共享汽车的利用率是私家车的 10 倍。如果所有的汽车能够实现共享，理论上，所需的汽车数量将减少至目前的 1/10。车库、停车场、公路等为汽车服务的土地也将随之大幅减少。

经济系统变革方面，就企业而言，新型服务企业、谷歌等 IT 企业以及现有的大型汽车企业都已经开启了对未来的预测和竞争。日本、新加坡、美国和德国等地，已经开始把私人电车作为社会实验，对它的社会未来图景进行探索。汽车相关企业必须要从汽车销售向移动服务或私人电车相关服务转型，只有这样才能在新时代继续发展。政府方面，财政将发生巨变。在日本，现有的燃油汽车是税收的巨大来源，包括燃油税、汽车购置税、从量税等。未来当新型电动汽车成为主要交通工具后，政府就无法再期待燃油税，也难以保障以持有汽车为前提的购置税和从量税。那么，政府将以何种形式获得财政收入呢？其中一种方式是政府引进交通管理系统，即宏观课税系统。今后，为促进法律制度、社会制度的改革，首先需要实现金融制度、财政制度的共同改革。政府与企业只有在面对变化时应对自如，才能得以存续，国家和社会也才能因此繁荣昌盛。

（四）阳光经济下的交通出行畅想

在过去的两次产业革命中，煤炭经济和石油经济都引起了交通革命，阳光经济也势必引起一场交通革命，彻底改变人们的生活方式。我在网络专栏上曾发表过一篇名为

《汽车将成为私人电车》的文章，主要观点是：依靠电力驱动、无须驾驶、不需要专门到车站乘车便可到达目的地，私人电车结合了私家车和电车双方的优点，改变了原有的汽车模式。届时，每个人都可以选择自己喜欢的车型，只需要支付车费便可到达目的地，而且无须购买私家车和停车位。“车主购买汽车自己驾驶”将会被私人电车所取代，需要用车时提交申请，通过手机或 IT 终端向配车服务公司支付车费即可。这是我所预测的汽车的未来，它正在一步步实现。

安全出行。交通事故是目前除疾病、自杀外夺去人类生命最多的因素。据统计，全世界每年因交通事故死伤的人数高达 120 万人。日本的轻轨电车中最具代表性的新干线投入使用 50 多年来，从未发生过乘客死亡事故。在地震及灾害多发的日本，这简直是一个奇迹。事实证明，驾驶员的车速和技术与交通事故并没有直接关联，主要在于交通系统的安全体系是否健全、是否发挥作用。随着新型电动汽车的安全性能不断提高和自动驾驶技术的日趋成熟，交通事故的发生率将会大幅降低。与智能手机一样，依靠电力驱动的汽车将成为具备移动通信和远程控制功能的 IT 机器。“零事故化”的新型汽车将会从根本上改变现有汽车领域的商业模式。汽车将不再是方便但会引发伤亡事故的工业产品，而是安全且重要的移动机器人。

快速出行。未来的马路会像铁路一样，可供电动汽车在行驶过程中充电，并且配备安全设施以及信息收发装备。随着控制系统不断升级，无人驾驶的大型巴士可以像电车一样，几节车厢相连同时行驶。从技术层面来讲，行驶速度可达到新干线的水平。主干道和高速公路将成为承载量大且满足高速行驶的交通基础设施。

自由出行。随着无人驾驶技术的普及，电动汽车不仅能在道路上行驶，还具备中央调控功能，能根据人走路的快慢调节速度，把人们安全送达任何目的地，甚至是大楼内或房间里。可以协助小朋友独自去医院看望祖父母，然后安全回家。交通弱势群体的社会生活质量也会因此得以提升。在医院内部通行时，保持与行人同样的速度，缓缓行至病房。当然，未来医院和商场一定会配备专用电梯和通道。

舒适出行。大半个世纪以来，常用的出行方式是：到车站乘车，到站后需要走路或换乘汽车才能到达目的地，还需受列车时刻表限制，并且无法选择喜欢的车型和车厢。此外，携带大件行李乘坐电车时，需要先走到车站，挤上人满为患的电车，在拥挤的人流中上下楼梯，到站后还需步行或换乘出租车赶往目的地。当汽车成为私人电车后，前面所提到的那些乘车不便自然会消失。私人电车无须亲自操纵驾驶，无须个人持有，只需支付使用费。乘客可任意选择自己喜欢的款式和车型，不需要停车场，无须到车站乘车。私人电车直接开到家门口、装运行李，自动驾驶汽车会将人们带到任何想要去的地方。在到达目的地之前，人们可以在车上读书、睡觉、喝酒。

共享出行。汽车将从自驾转变为缴费乘坐的交通工具，成为一种类似轨道电车的交通工具。届时，人们无须自己买车、租赁停车位、加油、买保险、洗车、换轮胎等，可以节省大量的成本和时间。

为实现上述目标，除汽车本身外，道路、建筑等配套设施也需要完善，城市和地方要共享无人驾驶信息、通过人工智能和深度学习，将乘客安全送达目的地，并准确计费，这需要整个地区拥有完整的体系。要把现有的车站和铁路运营体系，推广到所有道路甚至大楼内部。另外，信息安全和社会安定是十分重要的必要条件，如何防止恐怖分子和犯罪者扰乱秩序或利用交通系统进行破坏将成为今后非常重要的课题。

第三章

经济周期性恐慌与中东问题的根源——石油经济的局限

石油的分布和开发的局限，导致各国都围绕这一紧缺且必需的资源进行战略布局，包括政治、外交、经济、社会等各个层面。可以说国家机器、世界机构的运转都离不开石油这一血液，而作为石油产地的中心——常年战乱纷争的中东，在目前的石油经济格局中也有永远解不开的结。

一、资源型经济周期性恐慌问题

第二次世界大战以美、苏、英、中等国的胜利而告终。此后，以美国为主导的联合国的成立、殖民地独立、自由贸易体制、集体安全保障机制等构成了新的国际秩序。尽管如此，周期性的经济危机依然成为人们的恐慌记忆。为了预防经济危机再次发生，有必要充分了解大萧条的原因及其影响。

（一）全球性大萧条及其反思

1929 年，大萧条从美国开始蔓延。美国经济在“一战”后呈现出前所未有的景气，当时美国著名的经济学家欧文·费雪曾预言“美国将永远繁荣昌盛”。然而，1929 年 10 月 24 日，纽约的股市突然暴跌，随后，房地产跟着暴跌。这一天被称为“黑色星期四”。

在此之前，汽车开始普及，美国进入汽车社会，纽约大都市的人口急剧增长。人们迁往郊区，坐电车到市中心上下班，逐渐形成田园都市和郊区城市。人口的增长刺激了房地产的需求，人们研发出用钢铁和玻璃建造摩天大楼的技术。大都市空前集中，人们开始投机房地产。

当时的美国，大部分资本和资本运营由洛克菲勒、摩根等大财阀掌控，他们涉及银行、证券、房地产、制造业和服务业等行业。收音机的普及给人们带来新的消费模式，每天播放着不断上涨的股票行情和房地产信息。平民百姓开始跃跃欲试，认为机不可失，应该先下手为强。于是出现了无论是房地产、股票，还是投资信托，只要上涨，人们都出手购买的景象。越买越涨、越涨越买，造成这种势头不断蔓延的正是美国当时的金融和经济结构。大财团覆盖银行、企业、房地产开发、证券公司等行业，房地产和股票的上涨刺激银行借贷部门更积极地发放贷款，企业并购和融资变得简单了。越涨越放贷，越放贷越涨，企业的规模越来越大，股票也随之增值。人们推倒旧的建筑，建造摩天大楼，土地价格随之增长，房地产价格跟着上涨，并吸引更多的投融资。

处于经济增长期的国家，大部分都经历过这种现象。在日本，20 世纪 60 年代至 70 年代被称为高速成长期，20

世纪 80 年代泡沫经济破灭。各国市场的上涨和暴跌状态都与此类似。高速成长期，高投资高收益吸引了更多资金，金融机构积极供给的过量资金不断流入股票市场和房地产市场。最终，像抻过劲儿的皮筋一样，忽然断裂导致市场暴跌。资产下跌的速度比上涨的速度快得多。因为金融机构紧急收回资金，导致投资家和企业相继出现破产。曾经贷款投资的投资家，突然被要求偿还所有资金，于是他们只能被迫出售自己的公司。这引发了连锁反应，导致更多的公司出售。如同电影院着火后，大家争先恐后要从这场火灾中逃离出去一样。

市场暴跌导致因投机而放贷过量的金融机构也出现破产，继而引发其他金融机构、企业和存款机构的破产，最终引发整个经济体系的连锁反应，这正是世界大萧条的开始。弗雷德里克·刘易斯·艾伦在他的著作《从大繁荣到大萧条》中，详细描述了自 1920 年到大萧条这一段关于美国成长、投机、狂热、崩溃以及悲剧的社会经济历史。

“二战”前的大萧条之所以蔓延到世界各地，主要有两个原因。

第一，无“灭火体制”。无论是美国还是欧洲，“二战”前各国都没有保护储户和金融机构的制度。当时美国作为世界经济大国，突然出现金融机构破产后，引起连锁反应，诱发其他各国金融机构相继破产。由于担心银行破产，众多用户赶到银行想要取出存款，这一行为也成为诱发银行破产的一大要因，之后产生的连锁反应导致企业和储户也相继破产。最终这场源自美国的金融危机，让世界经济陷入了大萧条。

第二，各国自保。当时世界上最大的殖民地国家英国和世界经济大国美国为了保护本国经济，限制进出口，他们提出的“锁国经济”和“保护贸易”政策给出口国带来了沉重打击。英、美两国的政策对“一战”后苦于赔偿的德国无疑是重创，导致魏玛共和国分裂，纳粹党渐露头角，之后通过民主选举，纳粹党成为德国第一大党，开始掌握政权。同一时期，在日本主张同中国和平相处的首相犬养毅被刺杀，日本法西斯强行在中国东北成立傀儡国——伪满洲国，日本和中国陷入长达 15 年的战争。正是英、美、德、日等国家的愚蠢政策，导致各国陷入争夺市场和资源的纷争。

(二)“二战”爆发与希特勒的经济遗产

令世人不解的是，希特勒领导下的德国最先走出了大萧条。当时德国实施了一系列保护储户和救助银行的政策，遏制了金融危机的恶化。同时，效仿古罗马帝国的做法，在全国修建世界领先的免费高速公路网，普及国民大众汽车，使德国率先成为以石油经济为中心的汽车社会。很快，德国便成功超越无法脱离大萧条泥潭的美国，扩充军队并发展工业，成为世界强国。在一系列政策的作用下，德国仅用5年多的时间，就使失业人数从最初的600万人锐减至30万人。这也是为何希特勒领导的纳粹党受到国民的狂热推崇。结果是，借助奇迹般恢复的经济实力，德国开始侵略欧洲各国。日本与日渐强大的德国结为军事联盟后，同英美关系彻底恶化，在发动侵华战争的同时又挑起同英美的战端。

战争刺激了石油需求，作为战争发动国，德国和日本有大量的战斗机、战车和军舰，对石油的需求更大。当时美国是最大的产油国，已经实行石油禁运。德国为了得到苏联的油田，日本为了得到印度尼西亚的油田而挑起战端，导致第二次世界大战的全面爆发（见图3.1）。德、日法西斯给中国和苏联民众造成了惨重的代价和重大的牺牲，是永远无法被忘记的孽行。与此同时，德国在战争中也在不断牺牲本国民众的生命、财产、人类尊严乃至希望，最终，德意志帝国被同盟国击败。

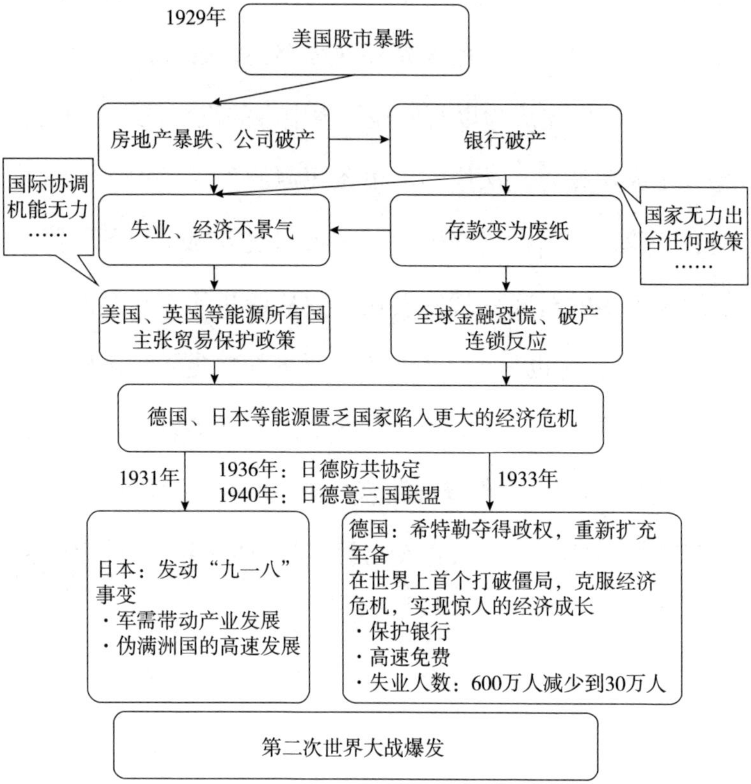

图3.1　大萧条为何发生（1）
1929—1945年，从大萧条到第二次世界大战

值得深思的是，“二战”前，美国无法从大萧条的泥潭中脱离出来，而纳粹德国却奇迹般地实现了经济高速增长。这也是为何“二战”后，美国效仿并采用了纳粹德国的经济政策。20 世纪五六十年代,美国经济迎来了“黄金时代”,

联邦政府效仿希特勒修建免费的州际高速公路，命名为“艾森豪威尔全国州际及国防公路系统”。如高速公路的名字所示，决定修建州际高速公路的是艾森豪威尔总统，他在“二战”时任欧洲联军总司令，带领联军击败纳粹德国。

“一战”后，年轻的艾森豪威尔率领陆军装甲车部队从东部的首都华盛顿横穿美洲大陆，耗时 62 天抵达西部城市旧金山，成功完成军事护送任务。第二次世界大战时，艾森豪威尔任联军总司令，击溃纳粹德国，但他对希特勒修建的免费高速公路却无比赞叹。德国的免费高速公路让汽车或战车在德国境内的任何地方都可以做到一天内到达。同时，当时德国的高速公路还设计了跑道功能，这也是为何纳粹德国在“二战”时可以采用“闪电战”，在短时间内征服了欧洲大陆。艾森豪威尔对高速公路的另一认识是，它通过对汽车免费开放，使其高速移动形成了一条经济命脉，推动纳粹德国取得了惊人的经济成长。

由于上述原因，美国州际高速公路的正式名称里才会出现“国防公路”这样威严的字眼。所幸，美国州际高速公路没有被战争征用，但它对美国 20 世纪五六十年代的经济高速增长做出了巨大贡献。在美国经济的高速发展期，GDP（国内生产总值）的 1/3 是由高速公路创造的。更重要的是，造成战前大萧条的原因之一是当时的高速公路只集中在纽约等东部大都市。“二战”后高速公路迅速扩展到美国各地，推进了一度落后的南部、中西部以及加利福尼亚的高速发展和城市化进程。

高速公路效应在 20 世纪 80 年代里根总统时期达到顶峰，此后，航空网络、通信、金融、房地产等各行业制度缓和以及互联网在全国推广，纽约之外的城市也拥有与全国各地企业通商的环境和条件，再配上四通八达的州际高速公路网，美国企业不仅在国内，甚至在全球各地都具备可直接贸易的环境和条件。20 世纪 90 年代，得益于这些前期完备的基础设施投资，克林顿总统任内，美国企业迅速打好基础，开展中国业务，加速了国际分工与合作。

艾森豪威尔总统任内，美国政府强有力的指导成为战后日本复兴的重要原动力。“名神”（名古屋—神户）与“东名”（东京—名古屋）高速公路是借助世界银行的贷款，利用美国的技术指导修建而成的，连接东京、横滨、名古屋、大阪和神户等城市。由于美国的援助，日本才完成两条高速公路和新干线的修建，并使日本从农业社会迅速发展成为世界第二经济大国。讽刺的是，虽然独裁者希特勒无法被原谅，但战后日本的复兴却是吸收并借鉴了纳粹德国留下的经验。

除了高速公路网，美国从纳粹德国学习到的另一经验是政府援助，即金融机构将要破产时，政府要出手援助。“二战”结束后，美国的金融机构持有大量战争时期的国债，这是战时为支援国家调配战争资金而购买的。进入和平时期后，欧洲和日本在经济复苏后利息定会上涨，美国金融机构所持有的国债预计将会下降。为防患于未然，美国中央银行——美国联邦储备委员会以原价从金融机构大量回购国债，成功规避了民间金融机构面临的潜在风险和经营危机。这项政策在 2008 年金融危机时也起到了重要作用，当时伯南克任美联储主席，推行量化宽松政策，正是基于该政策精神的实践。

（三）战后世界新秩序：大政府与国际协作

“二战”前，罗斯福总统已经指出锁国经济和殖民地会给世界带来恐怖和贫困，并有可能因此引发战争。这也是为何在英国与纳粹德国交战时，美国无条件支援英国。1941 年 8 月，美国对日本开战前，罗斯福便与英国首相丘吉尔共同发布联合宣言——《大西洋宪章》，阐明对“二战”

后的世界的构想。《大西洋宪章》否定殖民主义，提倡扩大自由贸易，希望把世界从恐惧和匮乏中彻底解救出来。曾经引起大萧条、主张保护贸易、给资源匮乏国带来沉重阴影的美国开始提倡世界新秩序，核心是大政府与国际协作。

2008 年，金融危机爆发。2009 年初，美国的失业率上升了 7 个百分点，达到 25%，失业者挤满了纽约的中央公园。同年年初，美国道琼斯指数下降到最高值的 60%。然而，作为对比，“二战”前的经济大萧条时期，该指数曾经一度降到最高值的 10%。战前与战后出现截然不同的结果，主要原因是“二战”后的政府起到了重要作用。“二战”前，小政府理所当然地普遍不干涉民间经济。即便当时股市和房地产市场暴跌、银行破产，美国政府也未曾出手救助银行，更没有救助个人储户。国际方面，当时世界最大的产油工业国——美国采取贸易保护政策，最大的殖民地国家——英国也推行保护贸易的锁国经济，法国紧随其后，最终，全球的贸易和金融流通被阻断。正是这些自保政策直接打击了资源匮乏的日本和德国。随着各国间的对立形势日渐激烈，“二战”爆发。许多国家卷入其中，国土成焦，国民遭难。

进入 21 世纪，欧美各国再未出现大萧条时的连锁反应。

许多国家建立了个人存款保险制度，这样即使金融机构破产，个人存款也不会被殃及。甚至有一些国家，政府还会保护金融机构不让其轻易破产。2008 年金融危机爆发后，欧美各国政府投入巨额财政资金，用于救助银行、证券公司、保险公司以及房屋贷款公司。正是因为吸取了战前经济大萧条的惨痛教训，于是各国政府纷纷将保护金融体系安全作为政府职责之一。

大政府的政策原理与信奉市场机制的小政府正好相反，它主张保护代表市场经济的金融机构，使其无法引爆金融危机等连锁反应。对此，主张小政府的市场派却闭口不谈。我认为，现在不会发生经济大萧条的另一原因是，国际关系环境也已经发生变化。在面临世界经济危机时，各国政府普遍意识到国际协作的重要性。“二战”后，美国拥有不可匹敌的经济实力，以美国资金牵头成立了世界银行等国际机构，这些国际机构为战后欧洲和日本的复兴、发展中国家的基础建设、卫生保健、文化、农业等行业的发展，以及世界经济的发展和维护秩序做出了重大贡献。

2008 年金融危机时，欧美、日本及中国等主要国家都积极合作救助金融机构，降低利息，出台相应的财政政策。冰岛共和国以及东欧发生经济危机时，因无法自行解决，均通过 G8（八国集团）和 G20（20 国集团）等国际组织和集团框架来协助解决。2008 年金融危机、希腊债务危机之所以都未引起全球性恐慌和世界战争，应归功于各国政府承担起相应责任，避免金融危险，维护自由贸易和国际协作原则（如为陷入危机的国家提供国际救援）。

2008 年 9 月，美国次贷危机在全世界引起共振，导致股票、房地产市场暴跌，金融机构破产等连锁反应，众多有识之士认为欧美及日本会再次陷入大萧条。我的理解则不同，在 2009 年出版的《阳光经济》一书的序言中我曾谈道："2008 年金融经济危机后，世界经济的生长力大幅减弱，发达国家在未来几年将会面临金融危机的深刻打击。因各国政府投入大量国有资金、积极接受国际协调政策，没有引发如同战前一样的经济大萧条，只要各国政府不采取愚昧的行为，今后也不会发生令人毛骨悚然的经济大萧条。"此后，我在日经新闻网站主办的"东奔西走"网络专栏，以及 2008 年 7 月在《朝日新闻》发表的"全球经济泡沫再次袭击人类"一文中指出，当今社会将不会再发生战前那样的大萧条，但我们必须充分认识到战前大萧条的深刻性。

正是基于对"二战"的深刻反省，战后，世界各国在美国的倡导下，废除殖民地，成立国际协调组织，实施自由贸易。日本和德国也积极参与，到20世纪90年代后期，中国和俄罗斯也加入其中。各国互帮互助，最终受益的是自己。道理虽然很简单，却是经历重大牺牲、付出惨重代价后才总结出来的经验教训。任何国家只要不愚蠢地违背这一常识，灾难或许就可远离。

战后世界经济体制的设计和运用均以美国为中心，而世界经济的安全保障制度起源于“广场协议”，由美、日、德、法、英（G5）联合签署。此后，世界经济的安全保障制度不断完善。2008年金融危机发生时，“安全网”的危机管理体制发挥了作用，避免了经济大萧条的发生。然而，进入21世纪后，世界经济安全保障制度在很大程度上已经有所动摇。

2008年金融危机发生后，美国国民在华尔街游行示威，反对用政府的钱救助金融机构，因为金融机构的领导层领着丰厚的薪水，虽说救助金融机构的钱是政府的财政收入，但其实是国民承担了这一切。曾经倡导使用税收救助金融机构的美联储前主席伯南克没有被奥巴马总统再次起用。伯南克是战前大萧条的研究者，他从历史中吸取经验教训，成功预防了美国金融机构的破产殃及全世界。在某些细节上，曾出现一些错误的判断和决定，但是伯南克堪称世界经济的“消防队长”，他成功阻止了源自美国的世界经济危机。我认为他的这些功绩在美国至今仍未得到应有的评价。

令人担忧的是，未来再次发生金融危机时，如果美国金融财政负责人因担心受到国民以及总统的指责，而不敢出手救助即将破产的金融机构，采取 2008 年金融危机时的措施，除美国之外的其他主要国家对即将破产的金融机构也放任自流，那么势必会引发国际性金融机构的连锁破产。欧洲各国也面临同样的风险。伦敦同纽约一样，是世界金融中心，在英国的国民选择脱离欧盟之前，英国的各大金融机构享受着全球化以及欧盟一体化所带来的各种利益，当这些金融机构在脱离欧盟面临破产时，国民是否会同意由财政来承担亏损以救助即将破产的金融机构呢？可想而知应该会比 2008 年金融危机时所面临的困难更大。其他欧洲国家的反对声音应该会更高涨。作为世界经济安全保障体制核心之一的“政府救助大型金融机构”这一政策正在被动摇。

面对潜在的大萧条隐患，各国该怎样预防，如何应对？

(四) 世界经济安全保障体制的两个核心

21 世纪，世界经济安全保障制度拥有两个核心。第一个核心是，在金融机构面临破产时政府要出手救助，使用财政资金，防止国际大型金融机构破产，即便已濒临破产，政府也应积极救助。无论是经营不善还是投机等原因造成的破产，政府都应救助。如果政府放任自流，金融机构破产就会引发经济大萧条。

我们不妨以 2008 年金融危机为例来验证这一核心内容。美国次贷危机所引起的房地产证券化产品破产是经济危机的起因，由此导致美国的房地产和金融市场同时崩溃。其实，在 2007 年危机就有前兆，到 2008 年 5 月贝尔斯登证券公司破产，危机全面爆发。此时，美国政府出面用财政收入救助贝尔斯登，表面上渡过了危机。问题是，战后房地产市场持续上涨 60 年，一时无法收缩，最终导致 2008 年 9 月雷曼兄弟证券公司破产。此时，美国没有像救助贝尔斯登时那样出资援助，结果引发全世界股票市场暴跌，导致世界各地金融机构相继破产，最终引爆金融危机。之后，美国政府才正式出手，对已损失 5 000 多亿人民币的美国国际集团公司施以援助。美国两家老牌联邦住房贷款抵押公司——房利美和房地美都面临破产，也被美国政府出资救助。这两家金融机构是在“二战”前成立的，为帮助人们实现美国梦——拥有自己的房子，而拥有与政府机构同等的信誉度，是房地产证券化以及住房金融的核心组织（见图 3.2）。

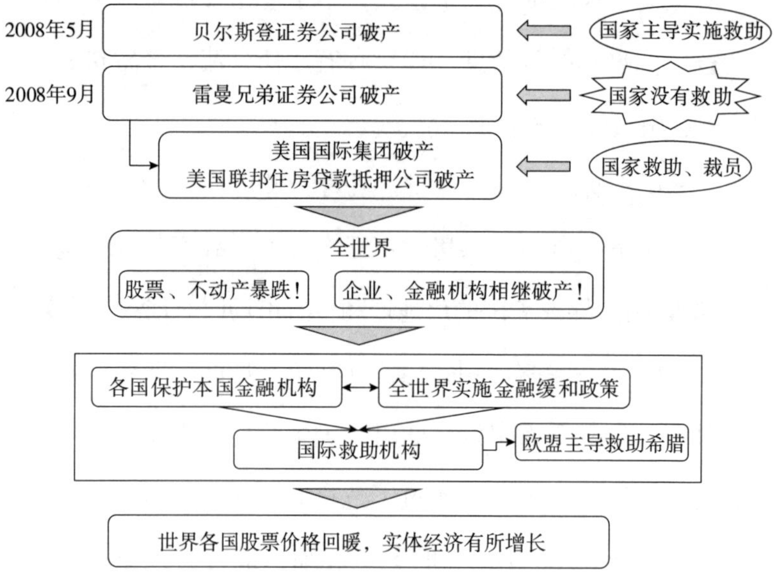

图3.2　大萧条为何发生（2）
2008年金融危机后，并没有引发经济大萧条

国家承担了大型金融机构的巨额损失，实施救助措施，避免其他金融机构发生连锁反应导致破产。通过政府救助，

美国成功地阻止了世界性大恐慌的爆发，没有引发金融机构破产而导致企业破产、储户破产，乃至失业者增加。除了 2008 年金融危机，20 世纪 80 年代美国政府也曾出资救助即将破产的金融机构，当时 S&L（美国储蓄信贷协会）原本是一家兼储蓄和贷款组合的住宅金融机构，在里根政权主导的金融自由化的政策下，开始毫无节制地向商业地产投融资，S&L 全国近 3/4 的公司都因背负了巨额损失面临破产，最终政府出资承担损失救助 S&L。在日本，政府也出资救助过金融机构。早在 1965 年山一证券就因日银特融政策被救助。20 世纪 90 年代经济泡沫破灭时，日本长期信用银行、日本债券信用银行、北海道拓殖银行等大型金融机构都面临破产，最终政府出资承担损失。除东京三菱银行外，很多大型银行都接受过政府公共资金援助而免于破产。

在中国，国有银行的不良债权问题也在短期内被干净利索地处理了。21 世纪初期，中国大型国有银行都有巨额不良债权问题，同其他国家一样，最终由政府财政承担。而且，中国的金融当局不仅处理了不良债权问题，还借此机会对国有银行的经营管理进行了大刀阔斧的改革。当时产生不良债权的原因之一是，银行内部经营管理团队以及员工的腐败和犯罪行为。因此，银行内部改革成了刻不容缓的问题。中国政府当机立断引进美国等海外金融机构来全权负责内部经营改革，从高盛等海外金融机构向各大国有银行派遣上百名有经验的海外员工，带来了世界上最先进的管理经验。海外金融机构获得国有银行的一部分股权，随后在香港等市场成功上市。虽然巨额收益外流到海外金融机构，但与之相比，中国获得了更大收益，最大的获利是实现银行股份制改革，并且收回因处理不良债权问题而产生的大部分损失，而国有银行在上市后实现了国际化管理。

这些改革在不到一年的时间内成功完成。相较于日本花费十几年的时间去处理经济泡沫后的不良债权来说，中国所用的时间极其短暂且非常成功，所以2008年金融危机对中国的影响也是最小的。中国式改革达到并超越了原有的“政府救助破产金融机构”的效果，之后，金融领域成为中美经济合作关系的重要构成。

世界经济安全保障体制的另一核心是，经济强国救助即将破产的国家。不同的国家经济破产时，会有各自的原因和经历，却有一个共同点即该国已经不能靠自己的力量去重建国家经济，国家面临破产。20世纪七八十年代的拉丁美洲各国，以及20世纪90年代的东南亚各国，都因对外债务过多、外资急速撤回而陷入破产危机。当时，欧美以及日本各大经济强国通过国际机构帮助这些国家承担债务或减免债务，他们才得以渡过危机而重生。20世纪90年代末，韩国也因为不良债权问题以及对外债务过多而引发金融机构破产。由欧、美、日等重要成员出资成立的国际货币基金组织（IMF）提供资金进行援助，韩国则出台并实施紧缩性经济政策，企业实施大规模收缩及合并，韩国大型跨国企业三星和现代的经营得以恢复并成长，这成为国际货币基金组织的典型案例。以上几个案例中，“经济强国救助即将破产的国家”作为“二战”后的世界经济安全保障制度发挥了重要作用。

当然，并不是所有的救助都以成功收尾。希腊一直未能从2008年金融危机的阴影中走出来，再加上自身政府财政赤字和隐瞒债务问题，2010年，希腊债务危机爆发。希腊为了恢复本国经济，接受来自国际货币基金组织以及德国等欧盟成员国提供的资金援助。由于德国和国际货币基金组织提出了苛刻的经济紧缩政策，最终导致希腊的经济规模不断缩小，国民生活水平不断下降。希腊没有大型跨国企业，该政策的实施对于希腊而言只是意味着单纯地被强加了苛刻的经济紧缩政策，致使其经济不断下滑，引发了国民的强烈不满。加上中东矛盾的激化，大量难民逃至观光胜地希腊，这也给希腊的经济和财政带来了沉重的打击。截至目前，希腊的债务危机仍未解决。而且，大量中东难民通过希腊涌入欧洲诸国，导致欧洲难民矛盾不断激化。欧洲诸国越来越多的国民强烈反对难民、反对移民，甚至考虑脱离欧盟，英国公投脱欧便是一例。

“经济强国救助即将破产的国家”作为战后经济安全保障体制的第二个核心政策，能否贯彻落实，能否有效地发挥作用？目前看来，难以预测。欧盟非但未能解决希腊的债务危机，反而使其在经济建设中没有进展。希腊、葡萄牙等南欧诸国，与富裕的德国以及部分北欧国家形成鲜明对比，矛盾进一步激化。经济发达国家甚至蔑视存在债务危机的葡萄牙、爱尔兰、希腊和西班牙等国，称它们为“欧猪五国”（PIIGS）。最终导致希腊债务危机上升为欧盟成员国的政治问题。

二、美国的局限与困境

(一) 石油经济时代美国的问题

石油经济的鼎盛时代也是美国经济的繁荣时代。在这一时期，企业与国民、企业与政府、国民与政府之间均是双赢关系。标准石油公司、福特汽车是石油经济时代的代表企业，为美国国民、社会乃至世界和平都做出了很大贡献。时至今日，世界大规模的企业基本集中在 IT 行业，除比尔·盖茨外，大部分公司的企业经营者与国民、政府存在利益分歧。美国需要用自己的方式来解决自身的问题，重获新生。

石油经济时代是制造业的时代。福特公司是世界上首个进行大规模生产的企业，工厂全部在美国国内，员工也都是美国国民。福特公司还大幅改善工作环境和员工待遇，实行一天八小时工作制，为员工提供终身年金和健康保险，成为劳动者的天堂。公司收益的大部分作为税收上缴美国政府。同一时期，成为大财阀的洛克菲勒家族把大部分财富用于美国国民或支持世界慈善事业，包括为芝加哥大学、洛克菲勒大学提供设施建设，支持纽约现代美术馆和亚洲协会，向联合国捐赠土地等。这些企业对于人类的繁荣与和平贡献卓著。那是一个幸福的资本主义时代，企业的利益即社会整体的利益。

“二战”后，美国的资本主义开始引发争议。在争论中，两位经济学家的观点影响深远。一个是加尔布雷斯提出的“修正资本主义”，阐明如何创造全球富裕，即政府通过财政政策干预企业利益，回馈社会、回馈国民，该观点与“二战”前凯恩斯提出的经济学理论有相通之处，后人称为自由主义经济学。另一个是德鲁克提出的资本主义新形式，即以年金的形式将企业利益普惠国民。

上述观点——无论是通过再分配实现社会平等，还是利用年金制度让国民拥有企业——都强调政府职能，在广义上均属于“修正资本主义”，即修补资本主义缺陷的制度。但是，这两种理论现在正面临挑战。原因之一是，企业自身的变化。现在美国证券市场上规模最大的企业是美国的IT 巨头——FAANG[脸书（Facebook）、亚马逊（Amazon）、苹果（Apple）、网飞（Netflix）、谷歌（Google）]。它们的制造工厂分布在中国等其他国家，对美国就业几乎没有贡献。虽然这些企业充分发挥了全球化的优势，但与企业的巨额利润相比，对本国就业方面的贡献却微乎其微。原因之二是，“网购”即“亚马逊效应”对美国制造业、零售业以及其他商业具有巨大的破坏力。

美国风起云涌的信息革命、IT产业革命对国民经济特别是劳动就业方面带来了巨大威胁，但美国政府并没有对就业政策和教育政策采取补救措施。这是非常复杂的问题，从种族歧视到社会形态多样性，存在根深蒂固的矛盾。此外，税收制度也存在很大问题。亚马逊等电商巨头的销售模式凸显了美国在税收结构方面的缺陷。在发达国家，除所得税外，消费税在财政收入中占很大比例。互联网交易只对最终消费者征税，无论美国的商品在海外销售多少，都只能在最终消费的地方征收消费税。许多大型企业为了避税，将纳税地点转移至海外，这导致企业收入与美国政府财政收入没有直接关系。

这些问题加大了美国社会的差距，尤其是社会贫富差距不断拉大。随着美国企业不断全球化，富裕阶层的收入空前提高，但这部分人却逃避纳税，导致国家的财政得不到改善，多数人无法实现共同富裕。美国号称是民主主义国家，然而“平等”却未被贯彻执行。美国需要独自应对难题，但历任政府都没能解决。人们期待有魄力、别具一格的新政府诞生。问题是，美国能否正视自身问题，面对各种困难提出革新对策，通过新政策抓住机遇、促进社会发展，进而为人类的发展带来福祉？

（二）美国是否会放弃“世界经济安全保障体制”

过去，美国作为“世界经济安全保障体制”的中心国，在救助破产金融机构和国家的行动中起到了领导作用。主要举措包括：欧、美、日等主要成员组成的 G8 与欧盟财政金融当局合作，通过大幅降低利率等金融缓和政策来救助金融机构，同时通过国际货币基金组织和世界银行等国际机构对破产国家进行经济重组。美国作为全球最大的债务国，能够推行这些措施。凭借世界第一的经济和军事实力，美国政府发行的大量国债大部分由中、日等对美债权国购入。另一方面，巨额救助资金通过发行国债和政府债务募集，由联邦储备局通过市场买入的形式持有。简言之，美国通过发行国债、增印美元来维系“世界经济安全保障体制”。

这种措施是基于对“美元的信任”，且得益于两个前提条件。

其一，虽然美国是世界上最大的债务国，但美元的价值不会轻易暴跌。因此，新发行的美元仍具备相应的价值，可用于实施救助。持有美元的债权国尤其是中国和日本，既不会出售拥有的美国国债，也不会通过变卖美元资产来提高利息，而是一如既往地支持美国财政，配合美国实施救助政策和金融缓和措施。如果中国和日本不支持美国，便会加大全球经济危机爆发的风险，最终会伤及自身。因此，基于自身利益的考量，中国和日本会积极配合美国的行动。

其二，为了救助破产的金融机构和外国政府，需要美国国民同意政府去承担财政负担。2008 年金融危机爆发时，美国政府虽然面临着财政压力，但当时既没有提高税率，也没有降低政府的行政服务水平和质量，而是通过美国财政部发行国债、美联储购买国债完成。至于购买国债的资金，美联储只需行使发行新美元的权限就可获得。因此，美联储又被称为“印钞银行”，财政部利用美联储印发的美元实施一系列救济措施。这种做法至少不会给国民带来直接影响。因为财政部发行的主要是 30 年的长期国债，美联储增印美元购买大量国债会直接存入国库，30 年后只需要发行新的国债便可偿还，无须提高税率。这便是美元作为国际通用货币的巨大优势。只要美元保持其国际通用货币的地位，美国政府便可通过大量发行美元来维护“世界经济安全保障体制”，保护本国金融经济体系。

2008 年金融危机是“二战”后美国遭遇的最严峻危机，虽然失业率有所上升，但与因 2008 年金融危机而导致国家破产的希腊相比，美国人民是非常幸运的。希腊没有属于自己的货币（希腊使用欧元，但希腊政府无法发行欧元），只能依赖国外借款，一旦外国撤资或者拒绝继续借款，国内经济就要面临破产。因此，希腊政府不顾国民的强烈反对，被迫接受国际货币基金组织和德国的苛刻条件。在希腊的“财政重建”过程中，人民在医疗、教育等各方面的生活水平急剧下降。

从这点来看，美国虽然是世界最大的债务国，也是引发巨大金融危机——2008 年金融危机的导火线，但由于它拥有“炼金术”，可凭借本国意愿发行美元保证付款能力，使美国国民免遭危机影响。如果 2008 年金融危机后，美国政府对金融机构放任自流，不实施救助，可能会发生和“二战”前一样的大萧条，迎来“二战”后最严峻的经济衰退和企业破产，美国国民也将遭受惨重打击。

研究战前大萧条的学者、时任美联储主席伯南克面临

2008 年金融危机时，采取“QE”（量化宽松）政策——增印巨额钞票，帮助美国经济走出深渊。然而，伯南克却被奥巴马政府罢免，作为对“金融机构有钱还要救济，不可理喻”“岂有此理”等公众舆论的回应。美国金融机构引发了次贷危机，伯南克等当局者未能制止危机扩散，确实难辞其咎。大多数美国人民反对的是“救助破产金融机构”这一政策，即使事实证明，这些救济行为保障了多数人的就业。反观伯南克离职，不禁想问，将来危机发生时美国金融当局者是否还会以职业生涯为代价，在极短的时间内为大规模破产的金融机构提供救济？作为称霸世界的金融大国，美国很可能正在逐渐放弃“世界经济安全保障体制”的核心职能——政府救济破产的金融机构。

三、中东危机及其扩散

“石油经济”时代的资源争夺令中东战火连年，而美国力保“石油经济”盟主的地位则是中东问题的主导性因素。危机如雪球越滚越大，没有停下来的意思。将会去向何方，出路何在？

根据欧美学界的主流定义，中东地区是指以北非西端的摩洛哥为起点，经由突尼斯、利比亚、埃及、苏丹等北非各国，继而向沙特阿拉伯、叙利亚、伊拉克、土耳其及沿湾各国和地区（阿布扎比、迪拜、卡塔尔、科威特等）延伸，涵盖伊朗和阿富汗等广大区域。中东拥有深厚的历史文化底蕴，中东的美索不达米亚文明（现伊拉克、叙利亚的中心）与古中国、古印度文明并列被誉为人类最古老的文明，且促进了古埃及文明的诞生。另外，犹太教、基督教和伊斯兰教也在中东创生。

（一）中东战史

1953 年，伊朗总理摩萨台主张摆脱欧美对石油资源的控制，实现石油国有化。美国扶植伊朗国王派系的军人，推翻摩萨台政府，维护了号称欧美石油“七姐妹”的石油公司的权益。这是美国通过军事力量和经济力量控制石油经济的典型案例。之后，美国扶植伊朗国王巴列维，支持巴列维国王推行“白色革命”，但遭到伊朗国内保守派和宗教势力的反对。20 世纪 70 年代，受“冷战”的影响，伊朗国内各派势力斗争加剧。1978 年，流亡的霍梅尼回到伊朗，号召国民推翻巴列维亲美政权，引爆了伊朗的伊斯兰革命。1979 年，巴列维国王流亡国外，伊朗伊斯兰共和国成立。随后，美国驻伊大使馆发生伊朗人质事件。次年，美国与伊朗断交。

1980 年，伊拉克总统萨达姆率军攻打伊朗，两伊战争爆发。值得关注的是，20 世纪 70 年代，伊拉克政府实行男女教育平等政策，推行工业化，获得欧美等国的好评。这也是为何美国支持伊拉克与伊朗的战争，为伊拉克提供武器。两伊战争持续八年之久，最终导致伊朗和伊拉克两国都疲惫不堪。两国纷争的主要原因，除了争夺石油运输要道以外，还包括什叶派伊朗与逊尼派伊拉克的宗派分歧。两伊战争期间，科威特为伊拉克提供资金支持，导致伊拉克对科威特负债累累，这成为日后伊拉克入侵科威特的重要原因。1988 年，伊朗与伊拉克接受联合国安理会停火决议，两伊战争结束。次年，伊朗革命之父霍梅尼逝世。1990 年 9 月，两国恢复外交关系。

两伊战争持续八年之久，其间伊拉克欠下美国、苏联及海湾国家共 600 亿美元的战争贷款。伊拉克作为美国对抗伊朗的先锋部队，持续作战并承担了一系列的战争债务。然而，两伊战争结束后，国际原油价格萎靡不振，每桶价格在 15~16 美元，这给产油国伊拉克带来了巨大打击。使伊拉克无力偿还巨额战争债务。雪上加霜的是，美国又开始限制向伊拉克出口剩余农产品，这让粮食进口依靠美国的伊拉克陷入困境。此外，美国开始限制向伊拉克出口工业产品，导致伊拉克的石油开采和运输质量下降，总统萨达姆被逼上绝境。萨达姆曾向 OPEC 提出将原油价格提高到每桶 25 美元，但遭到拒绝。与此同时，握有巨额伊拉克债权的科威特无视 OPEC 的石油政策，疯狂增产石油，导致国际市场原油价格暴跌。另一方面，科威特要求伊拉克偿还债务，但伊拉克已经无能为力。结果是，1990年8月，伊拉克突然发兵进攻科威特。试想，如果美国支援伊拉克战后复兴，又将如何？至少伊拉克不会在两伊战争余热未尽时，立刻发兵攻打科威特。

在伊拉克攻占科威特的第二年，1991年1月，美国总统乔治·布什经联合国授权发动多国部队对伊拉克进行轰炸，引发海湾战争，伊拉克被迫从科威特撤退。1991年4月，伊拉克接受联合国安理会的对伊决议，宣布停战。海湾战争虽然仅三个月便落下帷幕，却为今后的中东和世界埋下了战争和恐怖主义的隐患。

1979年，伊朗革命爆发的同年，苏联入侵阿富汗，据悉是受到伊朗伊斯兰革命影响而采取的行动。为了反抗占领阿富汗的苏联军队，美国中央情报局（CIA）与巴基斯坦军队、沙特阿拉伯政府一起训练并武装伊斯兰极端分子，使其成为“圣战者”。这是基地组织的前身。

海湾战争中，伊拉克用飞毛腿导弹攻击以色列、沙特阿拉伯和巴林。美国以监视伊拉克为由进驻沙特阿拉伯，并在海湾战争结束后继续驻军。1989年，本·拉登在组织内部斗争中胜出，掌握了基地组织实权。本·拉登出生于沙特阿拉伯，对美军自1991年海湾战争以来常驻沙特阿拉伯的行为强烈不满，反美情绪高涨。基地组织在世界各地对美军及美国大使馆发动恐怖袭击，如 1993 年世界贸易中心大楼的爆炸、1996 年驻沙特阿拉伯美军基地的爆炸以及在肯尼亚、坦桑尼亚、也门等地袭击美军和美国大使馆。2001 年 9 月 11 日，本 · 拉登率领基地组织对美国本土发动了一系列恐怖袭击，攻击了纽约世界贸易中心大楼和美国国防部五角大楼，造成了 3 000 多人死亡。

美国政府断定一系列恐怖袭击的始作俑者是基地组织，认为他们潜伏于阿富汗塔利班政权，于是要求阿富汗政府引渡基地组织成员但遭到拒绝。2001 年 10 月，以美国为首的 NATO（北大西洋公约组织）率领各国联军开始攻打阿富汗，在压倒性的军事力量面前，大约仅两个月就推翻了阿富汗塔利班政权，临时政府成立，卡尔扎伊总统担任临时行政机构议长。然而，自 2005 年起，阿富汗塔利班组织在国内各地发动自杀式爆炸袭击，欧美各国与塔利班势力之间的战争愈演愈烈。2011 年，本 · 拉登在巴基斯坦的伊斯兰堡被美军击毙，但阿富汗塔利班组织与多国联军的战火仍在持续。

海湾战争结束后，伊拉克接受联合国的决议，放弃生化武器、核武器和远程导弹。萨达姆为了提高在中东的影响力，对外透露拥有大规模杀伤性武器，并妨碍联合国调查，多次违反联合国决议，美、英两国内部主张推翻萨达姆政权的呼声不断高涨。另一方面，美国国内的保守主义势力日益强大，他们认为伊拉克与2001年的“9·11”恐怖袭击事件脱不了干系，执意采取军事行动推翻萨达姆政权。2002年，保守派认定伊拉克、伊朗和朝鲜是拥有大规模杀伤性武器的“邪恶轴心国”，主张推翻现有政权，实行民主化，将其引上和平道路。2003年3月，美国不顾德国、法国、中国、俄罗斯和欧盟的反对，在未经联合国安理会授权的情况下，就以“伊拉克有持有大规模杀伤性武器的嫌疑”为由，联合英国共同发动了对伊拉克的战争。同年5月，美军控制伊拉克全境，宣布战争结束。同年年底，萨达姆被捕。

萨达姆的确是一个追求个人崇拜的独裁者，他建立了警察国家，也曾犯下无数暴虐罪行。然而，在萨达姆的统治下，伊拉克维持了一个国家的形态，并在20世纪70年代成功发展为中东唯一一个世俗化的近代国家。1972年，萨达姆实行石油产业国有化，执政党巴斯党掌握了国家经济命脉，开始建设电力、通信等设施，实现了伊拉克的经济独立。此外，伊拉克政府还致力于发展教育、开放农地、提高女性的社会地位。失去独裁者萨达姆后，基地组织乘虚而入，伊拉克成为比以往更危险的地方。

基地组织联合伊斯兰极端组织于 2006 年成立伊拉克伊斯兰共和国，英文名为 ISIL（伊拉克和大叙利亚伊斯兰国），简称 IS 或“伊斯兰国”。IS 不仅攻占伊拉克，还通过武力占领叙利亚的大部分地区。IS 以国家自诩，声称要将中东、巴尔干半岛的欧洲地区、北非、西班牙、中国和印度的部分领土据为己有。这些主张听起来虽然不切实际，但 IS 以强大的军事战斗力、雄厚的资金和先进的互联网技术成功地在全世界聚集了战斗人员。

IS 成立 10 年以来，势力不断扩大。他们破坏文物、向世界散布虐杀外国人的影像，召集世界各地的罪犯及对社会心怀不满的人，在世界各地发动恐怖袭击。在 IS 的恐怖统治下，叙利亚和伊拉克的难民问题日益严峻，难民开始大批逃亡欧洲。2015 年，巴黎发生二次大规模恐怖袭击，自称 IS 的暴徒在巴黎街头肆虐杀人。2016 年，IS 的恐怖袭击规模不断扩大，危害蔓延至比利时布鲁塞尔、法国尼斯、美国佛罗里达和孟加拉国等地，许多日本人也不幸遇害。即便军事力量能够镇压 IS，也无法保证不会再有新的恐怖组织出现。

（二）美国的干预与失败

20世纪50年代，美国介入伊朗内政。20世纪80年代，美国支持伊拉克对伊朗的军事行动，旨在阻碍伊朗国内的伊斯兰革命。两伊战争后，伊拉克陷入国家破产的边缘。觊觎科威特的石油资源，伊拉克攻打科威特。为了让伊拉克撤离科威特，在谈判失败后，美国发动海湾战争。随后，基地组织因不满美军长期驻扎沙特阿拉伯，发动恐怖袭击，特别是2001年在美国本土发动的“9·11”恐怖袭击。2003年，美英联军攻打伊拉克。伊拉克战败，萨达姆被捕并被处以死刑。伊拉克如同打开了“潘多拉魔盒”，在饱受两伊战争、海湾战争以及伊拉克战争的摧残后，陷入无政府状态，国内满目疮痍。

由于美军陆上力量有限，占领伊拉克后无力掌控全局，“民主化”成为空头口号。当然，美国的说法很多，包括不推翻独裁政权就无法保障地区稳定，中东地区的混乱源于宗教对立、部族对立和教派对立等历史遗留问题，为了维护加拿大、澳大利亚等西方资源国家的和平等。伊拉克失去独裁统治者后，成为不法之地，被基地组织控制，在世界各地策划恐怖袭击。

“二战”结束，时隔 1 900 年后，犹太人掀起回归热潮，完成复国壮举。然而，对巴勒斯坦人而言，这意味着国家灭亡和对暴力的屈服。对阿拉伯和伊斯兰国家的人而言，此事如同十字军东征。以色列建国与中东战争爆发几乎同步。美国协助犹太人建国，造成以色列与阿拉伯国家的对立，因此激起了广大伊斯兰国家的反美情绪。有人认为，美国的衰退是从越南战争开始的。其实，对中东地区的干涉、战争和撤退才是美国衰退的根源。越南战争在 10 年内结束，虽然越南一度处于动荡和混乱，但如今是美国的友好国家。越南拥有 7 000 万年轻劳动力，世界各地的跨国企业正纷纷进驻，不断加大投资力度。中东却不同，曾经亲美的伊朗现在与美国仍处于敌对状态。萨达姆曾经是美国的盟友，高举近代化旗帜，却在两伊战争结束后被美国抛弃；被迫发动科威特战争，又被美国发动的伊拉克战争击溃，政权倒台，自己被处死刑。之后，基地组织入侵伊拉克，成立 IS，并将势力扩张至叙利亚。2011 年，受邻国突尼斯茉莉花革命的影响，利比亚的反政府军接受欧美国家的军事支援，推翻卡扎菲政权，卡扎菲被反政府军逮捕并杀害。卡扎菲死后，利比亚陷入无政府状态，IS 等伊斯兰极端组织又侵入利比亚。

美国是中东问题的始作俑者，受到冲击的却是毗邻中东的欧洲。欧盟成员国签订的申根协定在保障各成员国间通行自由的同时，也给中东的恐怖组织带来了可乘之机。最初，中东旧殖民地和信托统治地区的民众纷纷移民至富裕的欧洲。欧洲也愿意接纳来自中东的廉价劳动力，事实上，这些移民大多停留于欧洲的底层，其子女也很难实现向更高阶层的跃升。2015 年，叙利亚和伊拉克等地不断发生内战和混乱，顺应欧洲移民大潮，大量难民也纷纷涌向欧洲。据联合国统计，仅叙利亚难民就已接近 500 万人。

许多难民沿着大陆穿过土耳其涌向经济已经崩溃的希腊，也有难民穿过地中海经由意大利涌入欧洲各国。希腊为了应对难民问题提高警戒，这需要投入更多财政资金。与此同时，希腊的游客也在减少，这无疑给希腊政府带来双重打击。巨大的难民潮直接冲击了欧盟的申根协定。申根协定规定，区域外人员只要进入其中一个成员国，便可在 26 个成员国之间自由通行。因此，欧盟内部接受难民的国家与排斥难民的国家出现对立。其中，法国、德国、比利时等欧洲移民大国不断爆发恐怖袭击事件。发动恐怖袭击的不是难民，更多的是移民后代，他们积极响应恐怖主义，加入叙利亚和伊拉克的恐怖组织。恐怖组织给世界带来恐慌，欧洲地区因恐怖事件死亡人数最多的是法国，2015 年、2016 年平均每年将近 300 人因此丧命。

美国本想借经济和军事力量维护自己石油经济盟主的地位，却以失败告终。美国原本想培养代理人对抗苏联，却被基地组织背叛，导致本土遭遇重大恐怖袭击。失去萨达姆的伊拉克陷入无政府状态，被基地组织乘虚而入，发展壮大为 IS。与此同时，中东各国面临国家破产、恐怖主义支配、民族纷争激化等危机，难民不断增加。

在我看来，介入中东对美国而言是一场败仗，比越南战争带给美国的损失更大，其持续时间长达 60 余年。至此，世界最大的军事强国美国终于明白：军事力量无法控制中东地区的内战、纠纷和恐怖主义。

四、石油经济视角的中东问题

从石油经济的观点出发，如何看待现在的中东局势？

（一）中东问题的根源

20 世纪，中东发现巨型油田。很快，中东成为世界上最大的石油产区。然而，今天的中东却成为世界危机最大的震源地。1991 年，美国向入侵科威特的伊拉克发动海湾战争。作为报复，2001 年 9 月 11 日，反美恐怖组织在美国发动一系列恐怖袭击事件。2003 年，伊拉克战争爆发，之后萨达姆总统被处以绞刑。遗憾的是，中东秩序却没有按照美国的意愿得到恢复。美国声称在伊拉克战争中取得胜利，然而在伊拉克境内，仅 2014 年因恐怖事件的死亡人数就超过 1 万人。更糟糕的是，萨达姆下台后，进入伊拉克的基地组织逐渐发展为 IS。另外，叙利亚内战的死亡人数已超过 30 万。美国加速撤离中东，欧洲不愿也没有能力控制中东。中东危机日益加剧，叙利亚内战、伊拉克混乱、土耳其混乱、巴勒斯坦与以色列的冲突、伊朗与沙特阿拉伯的对立、阿富汗与巴基斯坦的纷争，以及北非国家间的冲突，等等，乱象丛生。

中东问题体现的是石油经济的本质矛盾。如果中东不是世界最大的产油区，它与欧美的对立、中东地区内部的纷争和恐怖主义就不会发展至威胁全世界安全的程度。“二战”后，美国成为当时石油经济的中心国家，具有绝对优势，其经济总量约占全球经济的一半。美国总结战前大萧条的教训，高举“解放殖民地”和“自由贸易”的旗帜，建立了以联合国为中心的世界新秩序。20 世纪 90 年代开始，实施以中美经济关系为核心的全球化战略，推动全球经济增长。然而，“二战”后，美国一直干涉中东地区内政，实行“军事霸权”、“支持傀儡政权”和“支持独裁政权”，其目的是维持对中东石油的支配权。美国支配石油的根本原因是石油经济，当然，中国和日本也依靠石油经济体系，在经济发展上取得了巨大成就。

中东问题看似混乱，其实逻辑清晰：“二战”后，从殖民地解放运动中诞生的石油资源国因主张石油资源国有化遭到欧美国家反对，欧美国家动用军事力量和情报机关干涉产油国内政，因此引发产油国国内强烈的反美情绪；与此同时，以色列占领并统治巴勒斯坦遭到阿拉伯国家的强烈反抗；之后，产油国独裁政府通过强权实现近代化，却被要求实现“民主化”的武装力量颠覆政权，国家陷入无政府状态；最终，这些国家被反美情绪高涨的极端暴力组织乘虚而入。

（二）中东问题的隐患

回顾“二战”前的世界历史，不难发现，金融危机常常会诱发经济危机和战争的同时爆发。“二战”后，美国迅速确立了超级大国的绝对优势地位，并建立了以美国为中心的“美式和平”体制，抑制了这种复合式危机的爆发。这是因为，美国拥有强大的军事、金融和经济实力及维护“世界秩序”的强烈国家意志，同时得到英国等欧洲主要成员国的赞同和支持，日本也紧随其后。今后，美国是否有意愿维持“美式和平”体制？危机发生时，美国将采取怎样的行动？一切都还是个未知数。

在经历数次经济危机后，拉丁美洲和亚洲各国拥有完善的国际社会合作和危机管理体制。在亚洲，以日本为首的许多国家加入“外汇融通”“货币互换协议”等危机管理架构。中国作为实力雄厚的债权国，发挥着越来越重要的作用。然而，中东没有这样的体制。“二战”后，中东地区不曾发生经济危机，石油收入稳定而富足，即使在 2008 年金融危机时，中东秉承“有钱人之间不吵架”的理念，始终置身事外。随着全球股票和房地产价格回升，石油财富得以保持稳定。到 2030 年，当阳光经济完全取代石油经济，石油能源需求的减少将成为一个不可逆的事实。

至于欧洲，2016 年英国通过公投决定脱离欧盟，已充分说明欧盟的职能正在减弱。非国家制的欧盟实行统一的货币制度、签署申根协定，给各国经济和社会带来诸多不稳定因素，这是危机发生的根源。越来越多的欧洲人把对生活不满和不安的矛头指向欧盟。更何况，中东长期以来与欧盟处于敌对状态，一旦中东发生经济危机，欧盟几无可能将救助中东的重担压在民众身上。届时，谁来解救陷入双重危机的中东呢？抑或是任凭危机蔓延，危及全世界？

除欧洲和俄罗斯，受中东危机影响最大的是中国和日本这两大石油进口国。美国虽然是世界上最大的石油进口国，但正在国内大幅增加页岩油和页岩气的生产，这将帮助美国摆脱中东的“石油危机”。中日两国重度依赖中东石油，没有回旋余地。为了预防能源、经济和金融等复合危机的爆发，即使欧美和俄罗斯无所作为，中日两国也应主动参与解决中东危机（见图 3.3）。中国想要通过阳光经济成为 21 世纪的全球经济的主导国，必须从本质上解决中东问题，否则可能无法实现可持续发展和繁荣。

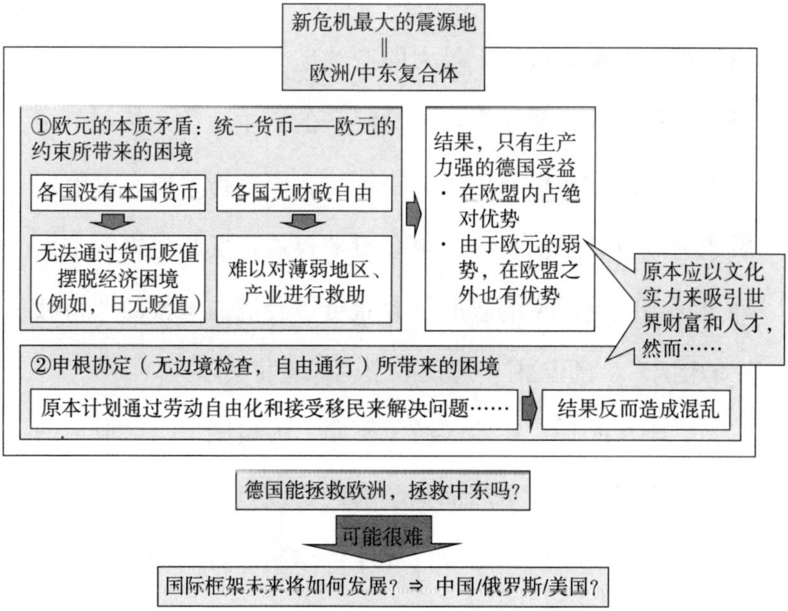

图3.3　大萧条可能再次发生

五、面对危机，出路何在

中东问题带给世人的启示有两点。第一，霸权容易、治理难。中东是世界上最大的产油地，美国动用军事力量控制中东石油，意在维护石油经济的霸主地位。然而，统治中东地区却是极其困难的。第二，中东纷争极有可能发展成为战争或恐怖主义。争夺石油权益是发起战争的重大动机。当欧美国家的政府放弃履行“经济强国救助即将破产的国家”的职能时，爆发战争的风险将会增大。

更严峻的是，在地区纷争不断、人口剧增、失业率增加的大背景下，中东产油国政府的财政负担不断加剧，国际收支失衡。今后，随着世界经济体制由石油经济向阳光经济转型，石油需求预计将大幅下降，原油价格猛跌。届时，产油国的财政和国际收支情况将继续恶化。这会给中东地区带来怎样的影响？事实证明，以美国为首的地区危机管理方法对中东没有效果。当中东危机全面爆发时，它的危害可能超越欧美各国的解决能力。中东问题的出路何在？

（一）共同的危机

目前，潜藏于世界经济中的中东危机犹如核电站泄漏，有向世界扩散的风险。中东危机纷繁复杂，包括无国土民族在居住国展开的独立战争、国家间的领土争端、同一宗教不同宗派教义之争及其导致的社会分裂、恐怖组织与政权国家的军事对立等。对任何国家或国际组织而言，解决纷争实属不易。

世界能否应对中东问题引发的危机将取决于以下三点。其一，欧美各国政府和国民是否同意像 2008 年金融危机和希腊债务危机发生时那样，通过国际协调机制为中东各国提供救援。事实上，2008 年金融危机和希腊债务危机发生时，欧美各国民众曾强烈反对救助金融机构及外国。而且，欧美各国与中东地区的对立由来已久，当中东危机发生时，国际协调机制能否发挥作用还是未知数。其二，当经济危机发生时，会诱发地区纷争、恐怖事件、难民等安保危机，国际协调体制能否应付解决？欧美各国作为与中东有纠纷的当事人，其危机应对能力也备受质疑，更何况，至今全球地区安全保障框架还未建立起来。其三，在石油经济向阳光经济转型的过程中，依赖石油发展的中东各国如何重建本国经济是更长远、更本质的问题。

中东的混乱局面多是“二战”后美国制定的政策所引起的。然而，美国作为当事人却袖手旁观。“二战”后，世界首次面临经济危机和军事危机同时爆发的风险，以美国为首的“世界经济安全保障体制”却在逐渐崩塌。在美国，新上台的总统高举“美国优先”的旗帜，主张美国保护主义，对伊斯兰国家实行“入境限制禁令”。今后，中东地区一旦发生危机，美国不大可能自愿提供军事力量和经济支援用以救助中东危机。更可怕的是，中东战乱和恐怖主义问题正在日益复杂化，并扩散至全球，潜藏着更大的全球危机。欧洲与中东地区在地理位置上毗邻,危机具有联动性，眼下欧洲地区不仅面临着从中东涌入的难民问题，而且还在遭受不断扩散的恐怖主义威胁。摩洛哥到阿富汗之间的广袤地区，事态也在不断恶化。如果中东地区爆发大规模战乱，中东石油的生产和出口将受到重大影响，在石油经济体制下严重依赖中东石油进口的美国、中国和日本等主要国家必将受到牵连。

与风险不断累积、危机不断加剧相对的是，目前世界主要国家的危机解决能力已大幅下降。这是因为，受美国的单边主义影响，各国都倡导“本国优先”，换句话说，就是“其他国家与我无关”。许多主权国家都在实践这一原则，在欧洲，“坚决不救助中东”的社会舆论日益高涨。另外，英国民众通过公投选择脱离欧盟。这意味着，当中东发生危机时，英国政府不会为了救助中东而增加英国民众的负担。美、英两国是“二战”后世界经济秩序的主导国，纽约和伦敦至今仍是世界金融的中心。若欧洲各国和美国拒绝帮助中东渡过经济危机，形势将会如何，不敢想象。各国推崇自保政策，不由得让人想起“二战”前的那场大萧条。大萧条是德、意、日轴心国发起侵略战争，引爆第二次世界大战的重要原因。

中东各国的财政将会急剧恶化，国民生活水平和政府服务将大幅下降，失业率攀升。中东各国原本就长期处于不稳定状态，国民怨声载道。这种局面将给恐怖组织和反政府组织带来可乘之机，致使中东各国、欧洲乃至全世界国家笼罩在不安之中。许多中东国家都存在深刻的民族问题、宗教问题和宗派问题，而且，这些问题不仅是某一个国家的问题，而是与其他中东国家互相牵动的。一旦某个国家发生动乱，就会犹如山林大火一般蔓延到其他国家，进而引发交战。考虑到欧美极有可能实施排外主义，将会引发连环暴力。事态恶化会引发新的纷争，与两伊战争、海湾战争和美国攻打伊拉克的战争如出一辙。事态进一步发展的结果是，各国为了争夺油田、石油加工设备、出货港口及海上石油运输航线而纷纷开战。由此导致中东各国的货币暴跌，海外进口越来越困难。中东各国将急于处理海外资产以获取付款资金，这将引发市场抛售，全球股票、债券和房地产价格将面临暴跌风险。

（二）建立国际合作新模式

中东地区长年战乱，伊斯兰国家间的战争，伊斯兰不同宗派间的教义分歧，民族间的对立，这些历史性问题长期存在。中东是石油经济的中心。中东地区混乱的时局引发的难民问题和恐怖事件给欧洲带来重大打击，而且 IS 极端恐怖组织，已经开始危及美国和亚洲各国家的安全。如果中东发生复合危机，将会影响全球安全，解决起来将十分棘手。

100 年前，欧洲结束了奥斯曼帝国长达 600 年对中东的统治。“二战”后，美国取代欧洲，实现了对中东地区的军事控制。如今，面对中东这一石油经济生产中心的混乱局面，双方却在纷纷撤离。20世纪，美国作为石油经济的盟主，对中东问题的介入多以失败告终。中国和日本作为中东石油最大的消费国，必须认识到石油经济的根源性风险。正是因为中东局势混乱，中日两国必须加快实现从石油经济向自给自足、安全稳定的阳光经济的转型。

为了创造全新的阳光经济，必须清算过去的负遗产，建立人类能够和平共处、共同繁荣的新型世界秩序，这是历史的必然。纵观生物发展史，一个时代的生态系统灭绝后，将会诞生新的、更加繁荣的生态系统。从煤炭经济到石油经济，大国军事支配、地域纷争和战争不断。如今，人类正在努力清算这些历史，迈向下一个属于阳光经济的新时代。从阳光经济的视角来分析纷争不断的中东地区，更能深刻地理解这一点。中东位于赤道地带，是全球为数不多的太阳能光热发电的绝佳场所。仅广阔的撒哈拉沙漠和阿拉伯沙漠，每年的太阳光照就能满足全世界的能源需求。通过开发沙漠地带的太阳能电力，再出口至欧洲、非洲和亚洲，中东地区有望成为世界上最大的太阳能生产基地。

当然，为了踏上新型国家的发展道路，中东各国需要转变发展思路，向阳光经济转型。石油、煤炭、天然气等化石原料是地质时期动植物残骸堆积，经过地压、地热等化学作用长年累月而形成的宝贵资源，人类无法轻易制造出来。如果仅把这些资源当成燃料来燃烧，实在可惜。石油是氧元素和碳元素组成的宝贵有机物，可用于生产塑料、纤维、医药等材料或原料，以石油、煤炭为原料制成的碳纤维可用于生产网球拍、钓鱼竿和高尔夫球等相关产品。当中东地区的石油和天然气等化石燃料作为宝贵的化石原料加工成各种各样的商品出口至世界各地时，将为中东地区带来众多的就业机会，创造巨大的经济效益。

中东地区孕育了美索不达米亚、埃及、波斯等伟大文明。与中国、埃及并列成为人类文明的发祥地。中东地区也是连接东西方的要塞，伊斯兰商人在海陆丝绸之路上发挥了巨大作用。过去的 100 年间，中东地区受欧美的石油争夺及境内纷争的影响，一片荒芜。未来，石油经济势必会向阳光经济转型,曾依赖石油的中东各国应在苦难中复兴。“二战”后，许多国家都是从苦难中复兴。中东地区作为人类文明的发祥地，应有凤凰涅槃的勇气。

第四章

新型大国经济关系的摸索

中国成功打造出“社会主义市场经济”这一新经济模式，实现了经济的长期、快速发展。美国和中国是引领全球化发展的两个国家，也是享受全球化便利最多的国家。面对世界政治经济问题，中美两国应该携手合作，应对挑战，化解危机，促进全球发展。

一、全球经济一体化

我们不妨了解一下世界形势是如何从“冷战”向经济一体化转变的。世界各国大致分为三大阵营，第一阵营是以美国为中心，包括西欧、日本、韩国等资本主义和自由主义国家。第二阵营是以苏联、中国为中心，包括东欧、朝鲜、越南等社会主义国家。世界上还有很多国家既不属于第一阵营也不属于第二阵营，包括印度、埃及、印度尼西亚等国。在印度总理尼赫鲁、埃及总统纳赛尔、印尼总统苏加诺等的带领下，掀起了不结盟运动，奉行独立自主，不参与第一阵营和第二阵营的争斗，独自开拓发展道路。

第一阵营和第二阵营都希望更多的国家加入自己的阵营，以扩充势力，形成对立局势。在此过程中，美国和苏联这两个超级大国，不断开发核武器。不过，虽然两国拥有的核武器可以毁坏地球数次，却没有爆发核战争。它们明白，无论谁先开战，对方定会反击，一旦反击，双方就会同归于尽。这一时期被称为“冷战”。两大阵营的对峙一直持续到 20 世纪 80 年代，在这期间，除了必要的交往，双方在经济层面基本没有互动，高端科技和产品坚决不卖给对手国家，房地产和公司的买卖也被禁止。

戈尔巴乔夫领导下的苏联于 1991 年解体。俄罗斯、乌克兰等国各自独立并形成独立国家联合体（CIS），叶利钦任俄罗斯联邦第一任总统。与波罗的海三国一样，一些国家与俄罗斯完全分裂，没有加入独立国家联合体。苏联控制的东欧社会主义政权也随之发生剧变。捷克斯洛伐克分裂为两个独立的国家——捷克和斯洛伐克，南斯拉夫也因为民族纷争和内战而分裂。1992 年欧盟成立后，旧东欧诸国为了加入欧盟开始完善国内体制，陆续被欧盟接纳，欧洲国家的社会主义逐渐消逝。美国在“冷战”中取得胜利，所以在 20 世纪 90 年代得以大幅削减国防费用支出。

现在，世界格局已发生变化，经济逐渐趋于一体化，美国最大的贸易出口国是中国。各国企业开始进驻中国和越南，虽然越南曾经与美国发生过战争，但并不妨碍美国企业和日本企业的进驻。俄罗斯是世界上最大的能源出产国，石油产量位居世界第二，天然气产量位居世界第一，为中国、西欧、美国以及日本提供了大量能源。长期处于贫困、濒临经济破产的印度和巴西，在 21 世纪有望成为经济大国。

(一)像世界杯一样的经济全球化

20世纪前，公认的常识是，贫穷的国家永远贫穷。至于“南北问题”“榨取”等敏感词语无时无刻不在提醒着贫穷国家：它们只能依附于发达国家。20世纪90年代，中国把低廉的劳动力和土地成本转化为自己的优势，通过全球化成功创造财富。其他国家开始效仿中国，学习这一成长模式。就像足球一样，源于英国，慢慢延伸到欧洲，最后走向全世界。现在，很多国家把低廉的成本转化为自己的优势，不断成长。只要有实力，不问国籍，不问出身，均可在世界舞台上大显身手。就像贫民区或移民城镇中成长的足球明星，在世界杯上同样可以大放光彩。

世界上越来越多的国家、企业和人员参与到世界经济中，这一现象被称为经济全球化。每个国家、企业或个人都拿出自己的看家本领，如技术、想法、资源、人才、经营管理能力、低成本等，在世界舞台上展示才华、开展竞争。例如，越南将勤勉又低廉的劳动力、廉价的土地作为自身优势；印度利用IT技术等脑力劳动在世界经济中占据席之地，而且印度的人口增长对经济发展具有重要的积极作用。

将资源作为竞争优势的国家也各具特色，俄罗斯的天然气储备量世界第一、石油储备量世界第二，是世界上最大的能源储备国。哈萨克斯坦原为苏联的一部分，被里海相隔，国土面积排名世界第九位，曾经是一个不为人知的国家，自从它出产石油和天然气之后，再加上核能发电必需的能源天然铀的产量位居世界第二，这个国家备受世界瞩目。

巴西也把能源作为自己的优势。其中，从甘蔗中提取酒精燃料的产量位居世界第一，巴西的大部分汽车都采用汽油和酒精混合燃料，工厂多以木屑等产生的生物质为燃料，而电力则利用亚马孙河的水力发电。从此，巴西致力于不依赖石油来建设美好家园。铁矿石等矿物资源以及大豆等食材价格上涨，给巴西带来了丰厚收入。巴西的工业也在迅速发展，巴西航空工业公司已跻身世界四大民用飞机制造商之列。

经济全球化有其规则，即自由贸易，对所有交易国应一视同仁，不应存在歧视，不应通过征收高额关税打压某个国家。WTO（世界贸易组织）这一国际机构正是维护这些原则的总裁判。但是，完全遵循 WTO 规定的国家几乎没有，每个国家都有其特殊要求。地球是一个整体，全球化是成为同一个世界，它不能要求语言、文化以及政治都统一，而是力求在经济层面要做到同一个世界、同一个地球。

（二）中国的全球化经验与挑战

中国通过全球化取得了巨大的经济成功，其经验是，管理经验的跨国传播。发达国家的企业在进入发展中国家时，会将优秀的管理经验一并带来。平时我们所说的管理是指对企业内部的管理，如果从广义的角度来探讨“管理”一词，它不仅包括通过了解消费者的需求来研制和开发新产品，还包括在工厂的制造、宣传、销售以及售后服务等环节的一系列经验。此外，如何筹资、招聘和培训人才以及企业如何履行企业社会责任等也属于管理的范畴。无论劳动力、土地、资金、技术等要素的价格如何低廉，如果没有先进的管理经验，就无法有效地组织生产、销售并产生利润，就不可能成长为全球性企业。发展中国家经济长期衰弱的原因是，民营企业和国有企业都没有真正的管理能力。只有发达国家拥有丰富的管理经验，可以制造全球流通的产品。

20 世纪中期，拥有敏锐洞察力和预见性的彼得·德鲁克曾提出“一个组织最重要的就是管理”。1989 年，他在《管理的新现实》一书中曾预言苏联会解体，理由是只有发达国家的企业才有管理能力，而当时只有美国、日本、德国和英国四个国家的企业有这样的管理能力。发展中国家的企业即便想追赶也无能为力，最多只能向发达国家提供原材料，或成为其外包工厂。许多发展中国家只能闭关锁国，如限制进口、提高关税，不允许外国企业进入，否则本国国民只会购买外国进口产品。这些措施虽然保护了本国企业，但却无法制造出优质的产品，因为没有资金、技术和人才。其结果是，非但没有保护本国企业，还会阻碍经济发展，进入恶性循环。直到发展中国家完全接受发达国家企业进入，情况才有所好转。发生巨大转变的是 20 世纪 90 年代的中国。最初，美国企业被引入中国的经济开发区，带来了巨大变化；紧接着，日本、欧洲、韩国和中国台湾的企业也相继加入进来。

中国在一些省份设立经济特区，优先完善道路和电力等基础设施，对外国企业实施税收优惠政策，甚至紧急新建机场、铁路以及港口。本国的一些规则制度在特区内视情况灵活掌握，这让外国企业可以更自由地工作。在此过程中，先进国家的企业可将完善的管理制度原封不动地搬过来。在中国，工厂建设费、土地费都很低，勤勉又低廉的劳动力充裕。一开始，外资企业很难找到合适的管理人员，但只要加强管理层员工的培训，他们很快就可以胜任企业的管理工作。对先进国家的管理经验融会贯通后，很多中国人华丽转身，成为大型企业创始人或民营企业管理者。

最初，在中国生产制造的产品都是国外的畅销品，耐克鞋、诺基亚手机，甚至沃尔玛店头摆放的非知名品牌的电视机。它们是管理的结晶，从设计到功能都能满足消费者的需求。此前，日本索尼和丰田打入美国市场时，均付出了不为人知的心血和努力。进入中国市场时却易如反掌，因为这些产品已经在全世界畅销，虽然在中国工厂制作但品质相同。自此，拥有世界人口第一位、国土面积第三位的中国与发达国家的管理紧密结合，把中国制造的产品推销到全世界。中国在得到相应的工资和土地使用费后，逐渐富裕起来，慢慢成长为一个世界级的大市场。

然而中国面临的挑战是，如何在缩小国际差距的基础上缩小国内差距。20 世纪，中国仍是发展中国家，与发达国家的经济差距非常大。到了 21 世纪，随着发展中国家不断加入全球经济一体化，它们同发达国家的差距越来越小。缩小国际差距的最大动力是物价，包括劳动力、土地的价格，最终，整体物价会向偏低的一方靠拢。以前，人们总认为只有欧洲和日本这样的发达经济体才能制造汽车和电脑等高科技精密产品，但是现在中国也可以以更低廉的成本生产这类产品了，还有更多的发展中国家可以生产衣服和杂货等生活用品。一些发展中国家甚至可以以低成本生产软件类的高科技产品（如印度）。

照此发展下去，发达国家转移到发展中国家的工作越来越多，国内留存的企业也要跟国外产品进行价格竞争、甚至降低员工工资。日本国内的企业正是因为受到这样的影响，开始裁掉正式员工，取而代之的是合同工或小时工。之前，日本的大学生甚至是乡下的初高中生都被称为“未来的希望”，但现在，越来越多的年轻人找不到正式工作，领着一份微薄的工资，不停地换工作。同样，在美国，汽车工厂的工作曾是高收入职业，而现在非但工作机会不断减少，待遇也随之恶化。起初是因为有日本这一竞争对手，现在中国才是造成这一现象的主要原因。虽说底特律工业区越来越不景气，但并不代表整个美国经济是衰退的。恰恰相反，美国的平均工资在上涨，国民收入在增加。这是因为，美国的富有吸引了更多的移民，过去的30年，美国增加了7 000万人口。

不过，取而代之的是本国国内的差距问题，在这一点上，无论是发达国家还是发展中国家均无一幸免。如果这个问题不能及时解决，将会导致社会不安定，且导致那些无力参与全球经济一体化的发展中国家越来越贫穷。

相较于20世纪，21世纪发达国家的大型企业收入明显增加，因为如果企业迁移到劳动力和土地成本相对低廉的发展中国家，企业的收益会相应增加。但是，大型企业的收益会花落谁家？首先当然是企业所有者，即股东以及经营者和风投公司；其次是持有公司股票的金融机构、年金受益者；个人投资者和员工也能从中受益。在发达国家，成立公司以及吸引投资资金都越来越简单，成功的企业家辈出。投资企业的金融机构以及向企业提供服务的法律事务所或税务事务所也都赚得盆满钵满。正因如此，才产生差距。雇用与被雇用、有经营能力或专业知识的人与单纯的体力劳动者、职场适应者与不适应者，人生际遇冰火两重天。

最终，世界的物价将分为两种，一种是基于一般家庭的日常消费习惯推测出的通货膨胀率和物价指数，这种物价指数一般不会有太大的变化；另外一种是奢侈品的价格，这种物价将不断高涨，为此提供服务的人会越来越多。发达国家的土地价格也有相应变化，生产用地价格下降，消费用地价格上涨，工厂集中区域的土地价格也会下降；发展中国家的土地价格也会受到影响而有所下降。但是，因为高级住宅用地的价格上涨，世界财富不断增加，所以发达国家与发展中国家的土地价格在整体上还是会呈现上涨趋势。

各国能否解决这种新式差距，在一定程度上取决于国民对政府的信赖度。欧美国家注重“小政府”和“市场原理”，多数政策以企业优先，导致国民对政府的信赖度不断下降。中国政府注重政府、企业和国民之间的共赢关系，期待中国在解决国内差距这一社会问题上能走出全新的道路。

（三）中美合作的背景

中美战略经济对话从 2006 年开始，首次对话由时任中国国务院副总理吴仪和时任美国财务部部长保尔森共同担任议长主持。中美战略经济对话中，不仅涉及制造业、服务业等经济领域，而且延伸到金融财政、技术革新以及环境政策等领域。双方的共识是，推进合作是深化中美两国关系的重要战略机遇。

20 世纪 90 年代，美国在制造行业一直受日本压迫，中国则长期无法赶超日本。中美两国一拍即合，达成经济合作关系。虽然中美之间并非正式的同盟关系，但有共同的利益关切。这要从 20 世纪 80 年代日本处于经济鼎盛时期开始追溯。当时美国经济一直被日本挤压，第二次石油经济危机后，美国政府财政面临破产的窘境。1979 年，伊朗伊斯兰革命爆发，由霍梅尼领导的伊斯兰教徒推翻了亲美政权巴列维王朝。伊朗的石油出口中断，OPEC 宣布石油涨价，此为第二次石油经济危机。同时，霍梅尼领导的伊朗同邻国萨达姆领导的伊拉克形成对立，并在 1980 年爆发了两伊战争，持续了八年之久。

受石油经济危机的影响，美国国内出现通货膨胀、利息上涨，住宅和汽车滞销，失业率明显增加，美国经济陷入困境。持续到 20 世纪 70 年代中期的越南战争以及 20 世纪 60 年代开始实施的福利政策已经掏空了美国财政，政府被迫大量借款、发行国债，因为仅靠税收无法维持政府运转。同时，美国对日出口贸易长期赤字，国外支付增多，最终导致财政和贸易的双赤字。1979 年，时任美联储主席保罗·沃尔克为击退通货膨胀，采取强硬的货币主义疗法，缩减流动资金规模。造成现金的减少并导致利息上涨，利率一度高涨到 20%。连锁反应是，贷款成本剧增，企业不得不控制投资、家庭控制住宅和家用车的购买，这导致经济更加不景气。这一疗法持续了 10 年，通货膨胀的势头终于被遏制。不利的是，流动资金减少导致国债滞销，政府财政难以维持，面临破产。

与此同时，日本却早早摆脱了石油经济危机的影响，控制金融使物价趋于平稳，利息停止上涨。日本的汽车和家电因耗能低，在国内外畅销，出口增多。日本是世界上第一个摆脱石油经济危机的国家，著名经济学家弗里德曼也对此赞不绝口。1979 年，傅高义教授出版《日本第一》一书，预言日本经济将会有大的飞跃，以此来警告美国。1980 年上任的美国总统里根，称苏联为“万恶的帝国”，随后增加军备物资，提出“星球大战”计划。另外，通过大幅减税激活民间经济实现整体税收的增加，政府财政得以重建，“里根经济”一词因此诞生。

当时的困境是，减税使税收暂时减少，财政赤字加剧，而美国国内无法承受国债的增加。里根政府的有识之士决定让日本购买美国国债。此前，人们普遍认为国债只能由本国国民购买，外国人购买时会附加利息以增加税收，这正是里根政府的意图。最初，外国人购买国债时，利息属于免税范围。美国政府以金融自由化为理由，同日本交涉，并为方便日本金融机构购买美国国债而修改金融政策。一系列的金融自由化政策有利于日本企业的资金流动，促进了 20 世纪 80 年代日本经济的飞速发展。

日本金融机构对美国的施压是表示欢迎的，因为同日本 5% 的利息相比，美国的利息高达 15%。同时，日本认为美国一定不会破产，即便在汇率上有损失也体现不出来，这是当时会计记账的规定。于是，在日本掀起了购买美国国债的狂潮，因为日本资金的流入，美国的利息开始降低。同时，沃尔克实施的紧缩型政策有效治理了通货膨胀，美国的财政和经济得以脱离危机。

日本金融机构投资美国国债最初是非常成功的，但日本的美元贸易黑字都流向美国国债，这导致日元大幅贬值。20 世纪 70 年代末 1 美元兑换 170 日元，到 1982 年日元再次贬值，降到 1 美元兑换 250 日元。由于日元贬值，在美国销售的日本产品也随之降价，日本企业在美国的销售额大幅增长，以美元为收入的销售额因日元贬值而使总收益相应增加，日本企业的股票价格也随之增长，日本国内呈现欣欣向荣的景象。这引起了美日之间的贸易摩擦，因为日元贬值给日本带来了更多贸易黑字。美国虽然通过日本拯救了财政赤字，同时在降低利息的政策上得到好处，却指责日元贬值。这一局面在 1985 年 9 月 22 日“广场协议”之后才有所转变。日本首相中曾根在 1985 年 9 月 7 日宣布限制日本金融机构购买美国国债，宣称要改变日元贬值的现状。

野村综合研究所任副社长、中曾根首相的智囊团成员德山二郎先生曾问我：“日本怎样才能从美元走高、日元走低的局势中逆转？”当时我在大和证券国际金融部任职，中曾根首相发表的政策正是我在当年 8 月下旬向前辈提出的方案。我在方案中指出，可以借助日本外汇管理法的“应急调节”政策，限制日本的金融机构购买美国国债。听到中曾根首相的政策发表时，我着实吃了一惊，当天日元对美元汇率就上涨了 30 日元，美国国债大跌。这正是日本资金动摇美国市场的瞬间（关于此事的经过，在《决胜的力量》一书中有详细说明）。

两周后的“广场协议”，美国的态度发生了 180 度大转变，由原来的事不关己到积极配合日本和德国干预外汇市场。同时，日、美、德三国在金融和财政方面的政策达成一致，签署了与经济相关的安全保障条约，被称为 G3 体制。这标志着日本继美国之后的第二经济大国的地位被世界公认。之后，加入 G3 体制的国家陆续增多。

外汇市场一旦转为日元升值，其速度比日本经济竞争力增长要快。“广场协议”签署后的两年零三个月，即 1987 年 12 月，1 美元兑换 120 日元。这次，轮到日本着急了，因出口企业收到的美元缩水一半以上，在美国销售的日本商品开始涨价，产品竞争力下降。大家都开始担心日元升值将会带来经济不景气。在面临危机时，日本企业展现出惊人的力量，削减成本、开发新产品以应对危机。更有一些企业直接在美国本土开设工厂，来解决因日元升值带来的日本本土原材料成本上涨的问题。通过这些努力，即使在逆境中，日本企业在美国的销售额也持续增长，汽车、各种家电、照相机等都受到消费者的追捧，向美国企业销售的半导体、精密机器和大型电脑、钢铁等销售额也有所增长。美国本土的这类企业深受打压。在这生死存亡的时刻，日本企业成功地躲过了日元升值带来的负面影响。丰田和索尼这一联合舰队，最初是欧美的学徒，却击败了世界公认的最强西方国家。虽然日本社会整体还不是最强的，但日本的胜利震惊了整个世界，在得到赞誉的同时也得到警告。自此，日本开始自信满满。

美国的本意是通过美元贬值、日元升值来打击日本企业，激活本国企业，结果却差强人意。1985 年“广场协议”之后，日本的贸易黑字每年超过 10 亿日元，日本经济每年持续增长 4% 左右，股票价格也随之上涨，并没有发生因日元升值而带来不景气。但是，泡沫经济却袭击了日本，资金急速膨胀。为了预防日元突然升值，政府为购买美元支出了大量日元，造成民间经济过剩。为了预防日元升值带来的不景气，政府实施金融缓和政策，日本银行把利息降至史上最低,致使银行出现了大量闲置资金无人借贷。当时，日本被称为世界第一债权国家，除了美国国债，还大量收购了美国的公司和房地产，但这些投资最后均以失败告终。过剩的资金瞬间流入日本国内的房地产和股票市场，东京成为泡沫经济的中心。之前,东京一直被称为世界金融中心，东京证券交易所的总市值曾高于纽约。上百家外资金融机构一起涌入东京，日本的金融机构亦不甘示弱。

日本的经营模式是官民一体化，默认的共识是，如果不在霞关官厅附近设立公司，就无法拓展业务。很多关西的公司把总部迁至东京，东京都的办公楼一时供不应求。为了满足办公需求，企业开始大量开发房地产，从东京都中心向海湾、大阪、名古屋以及全国各地延伸；从办公楼到住宅、再到高尔夫球场、度假村，银行以股票和房地产作为抵押,不断以低利息贷出资金。人们认为不能错过这班车，错过了就买不到了，于是大量购买房地产，导致其价格再次上涨,人们又增加贷款再去购买……形成恶性循环。最终，泡沫破灭。

20 世纪 80 年代,美国的经济发展方向与日本完全相反。日本把经济集中在东京，而美国则分散到全国各地，从纽约分散到地方、从城市分散到农村或度假胜地，这一政策正是“里根经济”的灵魂。通过减税、增加民间竞争，而后激活整个经济。

增加竞争首当其冲的是金融行业，各大银行降低证券手续费，向新加入的金融机构推出各式各样的服务。此外，垃圾证券盛行，使中小企业以及地方企业都很容易在市场上获得资金。通信自由化，电话垄断公司 AT&T（美国电话电报公司）被分割，允许新的电话公司进入，通信资费大幅下降。另一个巨变是航空自由化。航空公司大幅增加，航线不断扩张，机票价格更便宜，人们的出行及物流更便捷。连接海外的航线犹如雨后春笋,美国民众纷纷飞往国外,不只是跑到纽约。

由于资金、信息、人工以及物品都变得极其方便和便宜,众多大型企业总部开始迁出纽约,迁至成本更低的地方城市。GE（通用电气公司）、IBM（国际商业机器公司）以及可口可乐陆续从纽约曼哈顿迁出,只留下大厦牌子形单影只。新兴企业陆续在纽约之外的城市成立,20 世纪 80 年代有微软、英特尔、甲骨文、沃尔玛,20 世纪 90 年代有思科、雅虎、亚马逊、谷歌等企业。风投公司在加利福尼亚、波士顿郊区、得克萨斯州、南卡罗来纳州等地陆续诞生。金融机构在纽约华尔街以外的地方规模越来越大,债券王国的霸主太平洋投资管理公司、专注投资发展中国家的邓普顿投资公司,以及专营商品交易的嘉吉公司等如巨鹰一般直冲云霄。纳斯达克平均指数前 30 的企业,只有 7 家公司的总部设在纽约市。

自此以后,美国的地方经济开始成长。加利福尼亚的硅谷,在日本好比是一个靠近乡下葡萄园、临近森林和海边的办公室,远离纽约的喧闹、交通的拥挤以及犯罪,人们在心旷神怡的环境里比拼脑力,创造世界最先进的技术和商业模式。地方经济变得富有,加利福尼亚的经济规模甚至比肩法国，还有南部的得克萨斯州、佐治亚州，落基山脉的科罗拉多州，西海岸的华盛顿等地方的经济都得到大幅发展。即使不依赖连年赤字的联邦政府，地方经济也可以独自得到发展。20 世纪 90 年代的美国经济得以飞速发展在很大程度上是因为 20 世纪 80 年代的积淀。

(四) 中美的合作模式

2007 年，我出版了《中美经济关系》一书，主要观点为，中国效仿日本追赶日本，美国则焦虑日本将赶超自己。在此背景下，中美两国各自扬长避短。中美经济关系与日美关系有本质之别。双方超越意识形态的束缚，以本国经济为根本，权衡利弊，这正是中美经济关系的特点。

20 世纪 90 年代，美国的制造业比较薄弱（当然，这只是相对而言），国内人工成本高、工人还时不时罢工，并有其他劳动力问题，这些成为限制制造业发展的重要原因。即使美国的制造业企业将工厂迁到巴西，也受限于巴西高水平劳动力的匮乏。制造业不振也是美国经济败给日本的最大原因。美国人都在购买日本产品，而日本却不购买美国产品。这让美国政府感到非常不公平，美国民众也强烈不满。虽然德鲁克高度赞扬日本经济，但他也认为日本与美国在贸易上是敌对关系。

20 世纪 90 年代初，为捍卫科威特的主权独立而发起的讨伐伊拉克的海湾战争，令美国经济一度陷入困境。受 20 世纪 80 年代房地产泡沫破灭的影响，不良债权此起彼伏，城市银行等大型金融机构陷入经营危机。曾经是美国骄傲的汽车行业和家电行业，几乎被日本企业替代。曼哈顿街头出现了很多行乞者，甚至有人说美国已经开始没落。乔治·布什总统领导的海湾战争大获全胜，一度受到国民绝对的拥护和支持，但之后因为经济急速滑落，在 1992 年的总统选举中败给了克林顿。当今社会，经济发展对各国政治家来说都是重要的课题。

此时，中国俨然是美国的救世主，丰富且勤劳的劳动力，人工成本低，土地成本低，税金政策优惠，许可手续简便。中国的一系列优惠政策对美国企业极具诱惑力，它们正好可以弥补美国经济的弱点，帮助其恢复经济活力。于是，美国的制造业企业纷纷把生产基地转移到中国，美国本土则专注于发展高科技和 IT 行业，因为这类产业可以带来更高的附加值。

中美之间的合作模式是，美国企业在中国以低廉的成本获得劳动力和土地，将企业转移到中国的同时，也把先进的管理能力和巨额资金带进中国。由于美国的产品能够在中国以更低的成本生产出来，即便降价销售，利润也非常可观，这足以让美国在世界市场占据优势。而在中国看来，美国是全球风向标，只要美国企业迈出第一步，其他国家的企业就会接踵而来（见图 4.1）。

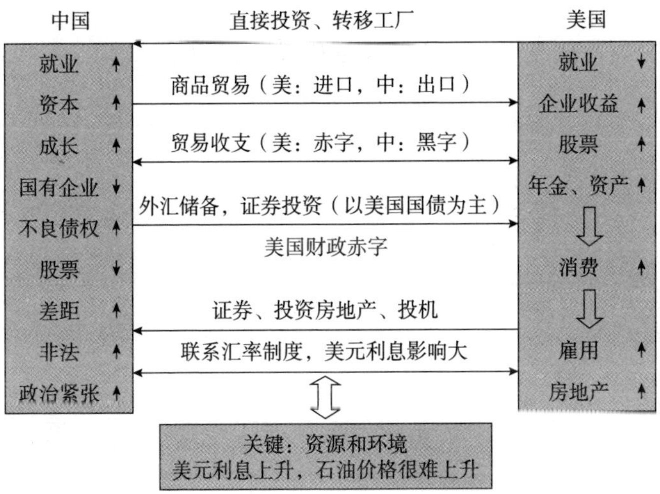

图4.1　中美经济关系的架构、机遇和悖论

对中美经济关系影响最大的是汇率市场，美国政治家要求人民币升值。我认为，中国没必要跟美国过于较真此事，因为人民币升值带给美国的伤害远大于中国。只要美国领导人的要求在合理范围内，人民币就不会无限升值。20 世

纪 70 年代，日本听从美国的要求，以贸易黑字为由，取消原本 1 美元兑换 360 日元的固定汇率，日元升值，意在降低在美日企的竞争力，加强美国本土企业的竞争。1985 年“广场协议”之后，日元升值到 1 美元兑换 120 日元，1995 年升值到 1 美元兑换 80 日元。从 1 美元兑换 360 日元到 1 美元兑换 80 日元，日元升值了 4 倍（见图 4.2）。当时，日本经济以出口为主，日元每升值一次，对日本来说都是一次痛苦的蜕变。从另一方面看，日元升值使日元变得强大，有利于日本在国外开展投资。目前，日本的海外投资已经位居世界第一。

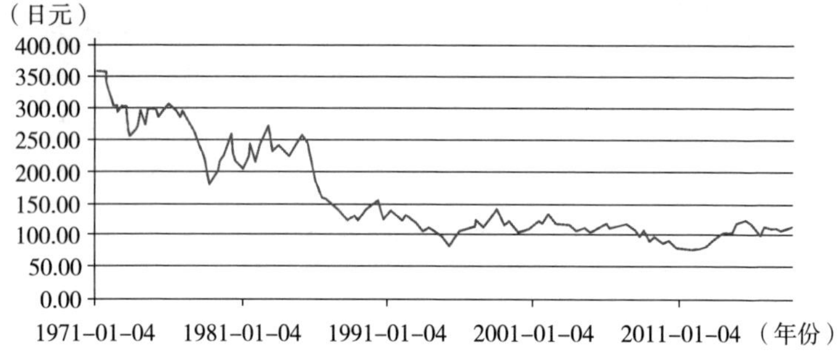

图4.2　日元兑美元汇率变动

时代已变，2017 年，中国成为对美贸易黑字最大的国家。一般认为，人民币将像日元一样被迫升值，其实，答案为否。1989 年，中国的外汇储备几乎为零；2006 年，中国的外汇储备一跃成为世界第一，人民币兑美元反而比之前便宜了1/2，而非上涨了2倍。2005年，人民币确实升值了一次，但其升值幅度基本可以忽略，远不如当时日元的涨幅。其实，美国并没有真正要求人民币升值，这与之前对待日元的态度完全不同。具体原因是,无论是对美国的企业和股东，还是中国经济，人民币贬值的利害关系是一致的。换言之，人民币贬值对美国的贸易赤字和中国的贸易黑字并无真正影响，这也是中美关系与日美关系截然不同之处。日本贸易黑字和美国贸易赤字不断增长的深层背景是，日本企业主要通过出口美国业务获利，这导致日本整体工作和收入不断增加，而美国企业的份额不断被剥夺，工作岗位和收入不断下降。结果是，日本经济越来越好，美国经济不断恶化。于是，美国强烈要求日元升值，判断的依据是，因日元便宜，所以日本的产品在美国市场非常有竞争力，挤占了美国本土企业的市场份额。

与之不同的是，中国向美国出口导致美国贸易赤字，其主角是在华的美国企业。这些美国企业在中国建工厂并委托中国工厂生产，比在美国国内生产成本低廉。只要保证在中国生产的产品品质同本国一样，就可以以同等价位销售，即使降低价格也可薄利多销。无论何种做法，都是降低成本、增加收益。

对美国企业有利的是，中国人口是美国的 4 倍，中国的劳动力优秀且廉价，只要合理制定管理手册，雇用中国本地的管理者，合理设计激励员工的薪酬结构，其生产效率就会高于美国本土。美国企业在中国国内组织生产，销售网络延伸至中国国内乃至世界各地，这是美国新的决胜方法。与 1989 年相比，人民币降了 1/2，这对在华的美国企业反而有利。人民币贬值使进货成本下降、生产成本降低，美国企业盈利更多。因此，美国领导人并不真心希望人民币升值，因为那样会引起一系列不良反应，最终导致美国经济整体萎缩，同时会让美国金融机构陷入困境。因人民币升值而陷入困境的不止中美两国，还会影响到日本和欧洲等其他国家的在华企业。

当然，全球化对美国国内的就业的确产生了不利影响，美国一些地方工厂关门，失业增加，民众积怨已久。能否出台新就业政策以应对挑战，是美国政府无法回避的课题。但是，还应看到，美国整体的国民平均收入是在持续上涨的。在华美国企业的良好发展推动了美国股票市场的上涨。日本人普遍认为美国人没有存款，其实这是一种误解。他们只是在银行的存款较少，大部分资金都投资在股票和信托上。因此,美国的人均金融资产远远高于日本。股票上涨，国民资产增加，消费随之增长。同样，企业利润增加，经营者或金融机构以及专家的收入增加，也在促进消费。有消费便有收入，虽然美国工人人数不断减少，但从事服务行业的人越来越多。移民数量也在增长，美国人口在过去的 30 年增加了 7 000 万人。

总而言之，人民币贬值使美国企业收益增加，带动美国经济整体上涨。所以,美国没有理由强制要求人民币升值。

（五）金融领域的中美经济合作

美国曾经发生财政和贸易双赤字，外界传闻其濒临破产。然而事实却恰恰相反，美国非但没有破产，而且把世界资金成功汇聚于美国。确切地说，21 世纪美国的财政依然会出现赤字，但美国政府从未因资金发愁。中国通过对美贸易顺差赚取的收益，通过购买美国国债流入美国本土，中国和日本依然是美国国债最大的持有者。

中国的外企与内资企业通过出口赚取的收益，都被中国政府通过银行统一收揽起来，作为外汇储备。其中一部分外汇储备用于投资美国国债。中国政府持有美国国债的数量已超过日本政府，中日两国政府通过购买美国国债支撑着美国的财政赤字。不仅如此，美国本应是世界最大的债务国，却支配着全世界的资金。与此同时，日本资金的存在感却越来越弱，原因何在?

负责美国投资的主要是民间资金，包括大型企业年金、公务员年金、保险公司、投资管理等投资信托，对全球的股票和债券加大投资。高盛等美国金融机构主要加强海外战略投资领域。亚洲金融风暴后，东南亚国家、韩国以及泡沫经济破灭后的日本等国家的银行、企业和房地产出现破产，美国趁机低价收购并投资，或派驻自己公司的经营负责人，或外聘专家对投资对象进行经济重组以提高收益。与之相反的是，日本本国企业对是否接手即将破产的企业犹豫不决。这使美国人狠狠压价，以很低的价格收购了大量日本的公司和房地产。随后，他们对公司进行投资重组，从中获取巨额收益。日本的经济也因此一蹶不振。在我看来，无论日本人多么有钱，如果不能承担风险让公司或房地产重获新生，那也只能抱着金碗挨饿。

美国各式各样的基金逐渐壮大。对冲基金投资的范围从股票、债券、汇率扩展到石油等各种商品；私募股权基金则在全世界全资收购企业，派驻整个经营团队对企业进行重组以提高公司效益；房地产信托投资基金在全世界投资办公楼、酒店以及商场；风投基金投资成长企业，并且打入中国市场。相较于美国国债，这些基金和金融机构有一个共同特征，即追求高收益率。他们承担风险、干预经营、舍弃不赢利的业务，坚持做长期投资，直至赢利。换言之，美国政府通过发售仅 2% 利息的国债向国外借款，而民间企业在海外投资时的利息却远远高于国债利息，通过这个差价来赚取利润。这也是为何美国虽然是贸易赤字的国家，但资金很充裕。反观日本等国，把高收益率的投资机会拱手让给美国，并以低利息从美国政府购买国债，且满足于这一现状。

中美经济合作关系达成的另一个目的是，改善中国经济的经济体制。1997 年香港回归后，中国政府通过对国有企业进行经营改革，期望逐渐实现股份制改造并且在国内上市。然而，很多企业改革都因伪造信息、挪用公款等原因而失败，最终导致经营不善、资金流出、不良债权增加。

中国政府动用近一半的国民储蓄让四大银行在证券交易所上市。四大银行的主要业务是给国有企业提供贷款，同时也接受来自美国金融机构的出资，旨在改善整体经济、有效打击腐败或非法行为并及时停止无效率的贷款。中国国内的证券交易所曾经是非法交易的温床，通过这些措施，可以让企业到纽约等国外的交易所上市，公开公司信息并接受监督。同时，公司经营状况也受到身为股东的美国金融机构的监督。

在中国国内，不良债权问题的处理、金融机构和国有企业的改革几乎同步进行，共同执行这一改革的合作者便是美国的金融机构。中国股票在 2006 年大幅上涨时，美国的金融机构获得巨额收益。通过一系列的政策和措施的实施，中国政府应对危机的能力、采取措施的速度给国际金融界留下了深刻印象。

二、借鉴日本经验，管理好中美关系

（一）中日关系不同于西方的伙伴关系

中日关系不同于西方的伙伴关系，其中既有历史原因，更有地缘因素。

2010 年，中国超过日本，成为世界第二经济大国。虽然不少日本人对中国抱有难以名状的竞争心理，但不得不说，中国人口是日本的 10 倍，有人类现存最古老的文明，超过日本理所当然。中国在历史上长期位于世界第一经济大国的地位，我们这一代人亲眼见证了它是如何重振雄风的。

现代中国与古代截然不同。21 世纪，各国之间是互相依存的关系，中国也没有采取以前的闭关锁国政策，而是同世界各国人们友好相处。世界的秩序，既不是西方中心主义，也不是中国中心主义，而是基于对等国家的自发性协调。

未来，中国将会被世界各国理解，作为全球的领导者受到尊敬，并可长期巩固自己在世界上的主导地位。日本作为与中国一衣带水的邻国，更应做出表率，理解中国、保持与中国的友好伙伴关系，共同维护世界稳定。日本自古以来就在学习、效仿和研究中国，吸收中华文明的精华，促进自身文明的发展。日本对中国的理解，是融合中日友好的精神，今后将由日本播种到全世界。

19 世纪，日本政府领先当时的清朝一步，实施开放政策推翻封建制度，开始步入现代化进程，由此成功抵御了西方国家的侵略。但那之后，日本踏出了错误的一步，竟然效仿西方，向自己文明的恩师中国发起侵略战争，最终战败几近亡国。这是历史上日本犯下的最大的错误，绝不容再犯。而中美两国不念旧恶，协助日本复兴，才让日本在战败后仅用了 23 年的时间，在 1968 年成为世界第二经济大国。日本作为非西方国家，曾与世界为敌，希望今后的中国可以从日本的成功与失败中获得更多有利信息，为中国的发展提供有价值的参考。

第二次世界大战后，美国占领日本，对日本社会进行了彻底改革，有土地改革，即地主将土地无偿赠予农民，废除财阀垄断，普及国民教育等。这些政策虽然被称为“经济民主化”，但大多是社会主义政策，放到现今美国社会是根本无法想象的。美国主导的“经济民主化”，使战前曾经贫困的人们有机会接受教育、有机会致富，这为日本的经济发展打下了坚实的基础。日本资源匮乏，却在第二次世界大战后实现了经济的高速发展，得以复兴。我希望中国在践行“一带一路”倡议时，可以从中获得有用的信息，得到启示和帮助。

中国历史悠久，是世界人口最多的多民族超级大国。而日本国土面积仅是中国的1/25，人口仅是中国的1/10，民族单一，但经济和社会高度发展，这些差异在中日两国间形成了鲜明对比。

中国是一个拥有5 000年治国安邦史的国家，不断进行民族大融合，是现存最古老的历史大国，拥有优秀的传统文化，善于洞悉人类社会和国际关系。众多思想理论自成体系、熠熠生辉。

日本是一个地震、台风等自然灾害频发，气候、自然、土地多样化的岛国，自古善于运用科学和工程学，人们互帮互助应付自然变化，形成了许多详细的思想理论，与庞大的体系相比，更注重完善细节。中日两国自古以来建立外交关系，既有鲜明的对比，又可相互补充，实现共荣共存。据记载，中日两国关系维持了3 000多年，在这一历史长河中，一直是日本通过学习中华文明来定义和构筑本国文明。

由于岛国的地理特殊性，加之历史上曾被美国作为理想国进行设计改造，日本有着解决各种社会和地理问题的经验和教训，东京大学前校长小宫山宏就概括地用“问题发达的国家”一词来形容当今日本社会。可见日本拥有很多问题解决的经验，在解决中国所面临的问题时可提供支援，帮助中国平稳地成为世界主导者，受世人尊敬。从这个角度来看，中日两国一定可以建立双赢的合作伙伴关系。

（二）中国问题与日本经验

经济的高速发展加大了近代社会的贫富差距。无论是19 世纪的英国、20 世纪的美国，还是战前的日本都有同样的经历。但战后的日本，是现代国家中唯一实现“全国均衡发展”的国家，同时保障了高度发展和国民平等。国民共同富裕后，促进了消费和生产的循环，带来了长期稳定的经济发展与政治安定。虽然日本是民主主义选举制度，但战后日本一直由自民党执政，在高速发展期，它为人们带来了财富和平等，实现了“一亿人口中产阶级”的社会现象。

经过 40 年的改革开放和 20 世纪 90 年代中美经济关系的发展，中国实现了经济的高度发展。但是，工业化和城市化带来的诸多问题依然困扰着中国。即便如此，我并不建议中国推行美国的民主主义体制。因为美国的民主主义，过度重视自由，却忽视了平等，已形成重大危机。

战后日本和当今美国推行的制度虽然相同，但因为国家不同，时代背景和领导方针不同，导致了现在两种截然不同的结局。我认为战后日本“问题解决”的经验，将为中国提供有价值的参考（见图 4.3）。因为在高速发展期，日本的官民一体化体制和中国的社会主义市场经济异曲同工，虽然现在中国已经在社会主义市场经济中取得成功经验，但仍面临着很多新的问题。

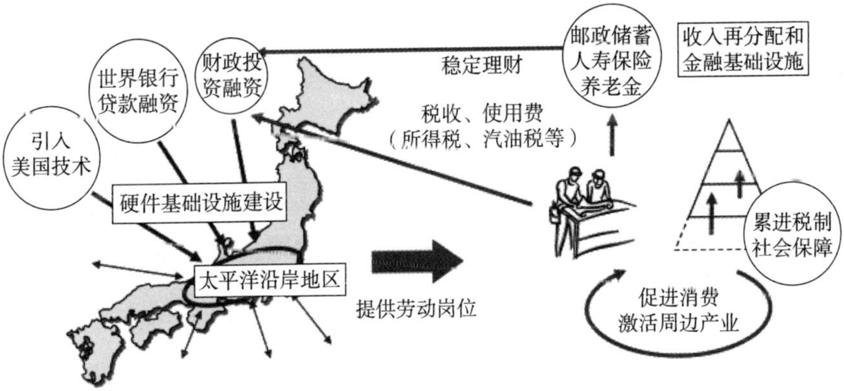

1 硬件基础设施建设
- 在铁路网络等现有基础设施的基础上建设高速公路、新干线，加速振兴。引入美国的技术，向世界银行贷款
- 以太平洋沿岸地区为中心，开展加工贸易，促进经济发展。通过商品和人员的移动，激活国内经济

2 软件基础设施建设
- 同时建设储蓄、养老金、医疗、人寿保险。在其中开展个人收入的增值运用，并灵活运用于之后的投资
- 对个人、地区间收入进行再分配，实现社会安定，消除地方差异。促进消费，激活周边产业

图4.3　促进日本发展的基本框架

中国是世界上人口最多的国家，国土广袤，与 20 多个国家接壤，是一个多民族国家。而日本国土狭长，四面环海，是单一民族国家。中国的政治课题，比日本和美国更复杂。即便如此，如果中国能够适当地接受日本的帮助，通过中日合作，可实现“问题解决”。

（三）中美贸易与人民币汇率问题

目前中美的贸易关系与 40 多年前的日美贸易关系有惊人的相似之处。甚至包括中国华为和当年日本东芝分别遭到制裁，情节上如出一辙。前者因为中国华为违反美国关于伊朗禁运的规定，后者因为东芝当时违反了“冷战”时期西方联盟对苏联的禁运的制裁规定。

中美贸易赤字实际上是国际分工与合作，以及全球一体化的前提下产生的结果。令人感到滑稽的是，战后的全球化政策都是在美国主导下制定和倡导的。20 世纪八九十年代美国通过在中国设厂并开始生产制造，大幅降低成本并提高竞争力，从而抵抗住了日本、德国产品的强势进攻。20 世纪 90 年代的中美经济关系在提升中国国力和美国企业竞争力方面发挥了重要的积极作用。

现在美国由于面临国内外的各种复杂因素，尤其是长期的中东战争以及 2008 年金融危机，确实积重难返，从而不得不采取贸易制裁的手段来暂缓国内压力。但是，回顾多年来日美贸易摩擦的过程，美国和日本并没有输赢之分。日本在官民一致的体制下积极进行结构调整，不断升华“日本制造”的领先性，依然在全球市场占有一席之地。

所以，我们有理由相信，中美贸易关系将作为一个必经的过程，牵扯着全世界的神经。正如日美贸易摩擦一样，中美贸易关系的最终形式还是会体现在制度变革、关税条约以及人民币汇率等问题上。

关于人民币与美元的汇率问题，不仅是国家首脑，中国的国民也十分关心。这令我想起 20 世纪 80 年代的日本，美国施压要求日元升值的情形，同现在美国施压要求人民币升值如出一辙。

但是，让我们换个角度思考问题，如果人民币有序升值，将会更强大，难道就是一件坏事？我认为也许是件好事。如果人民币随着中国经济实力的增长而稳步升值，汇率降低，等量的货币可以购买更多的外国商品，或是购买等量商品只需要更少的费用，这不正意味着中国国力的提升吗？当中国开始真正引进阳光经济，中国经济将获得长期稳定的持续发展，最终将超越美国。

届时，中国经济将不再依赖出口和外汇，还会有海外投资收益，拥有优先购买资格，逐步向债权大国的经济体系转变。人们将逐渐认可人民币升值。

随着经济的发展，人民币将有序、稳步升值，是中国经济实现可持续发展、成为经济大国的必然条件，并且是一件有利的事情，是中国保持长期稳定的生产力和促进创新的动力。经济的整体效率将会提高，环境保护、能源效率、资源效率以及回收再利用等都将得到大幅改善。

当然，人民币升值必须要与经济发展保持同步，即保持持续、稳定的发展。日本曾经经历过因投机汇率带来的市场混乱，为了防止人民币遭遇同样的状况，政府应当发挥重要作用。在这一点上，我认为中国不会遭遇日本的经历，因为日本企业曾经是美国的竞争对手，同其争夺消费者市场；而中国企业更多的是美国的合作伙伴。对美国企业来说，人民币的稳步升值将为它们带来更多利益。此外，美国财政当局并不希望美元暴跌，而是希望美元在保持稳定的同时，人民币随着经济实力稳步升值，这一点是我所阐述的中美经济关系的核心概念。

总之，中国问题、日本经验，是一个新瓶装老酒的问题，都同样是修昔底德陷阱的重现。如果不突破既有的石油经济的惯性思维和既定格局，是很难打破局面、找出好的出路的。回顾历史，由英国主导的煤炭经济体系过渡到由美国主导的石油经济体系，人类一直在与资源争夺战竞赛，而且受制于资源的有限性，无论是政治、外交还是经济模式都走不出反转往复的怪圈。阳光经济体系的出现，第一次打开了人类善良的心扉，让资源无限成为可能。正是由于阳光经济体系打破了资源配置的局限，给了那些长期饱受战争困扰和压榨的国家和地区复活的希望，开辟了全人类和平共存的新天地。未来中美关系的走向，将取决于中国如何打造阳光经济体系，并将其推广成为世界的标准。

第五章

中日两国阳光经济型伙伴关系的构建

面对石油"能源危机"，中日两国应当携手并进，共同研究应对办法。本文提出，21 世纪的中国将成为阳光经济的主导国，致力于促进人类的可持续发展，为人类创造一个可以容纳百亿人口、和平相处、共同繁荣的世界。基于这一前景的意义与价值，日本应支持中国的经济发展和结构转型。

一、中日经济合作关系的定位

PM2.5 问题近年来备受关注，它发生在亚洲中部的沙漠地区，混合着城市和工业地区的污染物，威胁着人类的健康，甚至漂洋过海，造成沙尘危害。日本在 20 世纪 70 年代，经历了石油危机、水俣病、四日市公害事件等诸多问题后，开始致力于研发环境保护和节能的技术，日本也因此拥有诸多先进技术（见图 5.1）。中日两国合作，把日本在苦难中积累的经验最大化，将会促进两国的双赢关系。

图5.1　20世纪六七十年代，日本海面水污染

资料来源：日本环境省

（一）中日可共同解决的问题

第一，治理环境问题。目前，中国的水、空气存在严重的安全问题，水污染、空气污染治理可以借鉴日本经验。尽管中国政府已经开始实施严格的环境标准，但重点企业借此机会实现自我提升的还不多。本书认为，政府治理公害和普及环保意识，是提升国民生活水平的有效路径。我的童年时期，正是日本经济高速发展的 20 世纪 60 年代。记忆中，城市河流污秽不堪，肮脏的沙滩和大海，空气污染导致雾霾天气与哮喘病患，到处都是受害者凄惨的身影。另外，因过度开发而废弃的原野和田地也成为主要的环境问题来源。

导致上述问题的根源是企业过度追求利益，政府优先开发、忽略环境。古往今来，这种情况并不少见。然而讽刺的是，1973 年中东纠纷爆发的“石油危机”改变了这一现象。“停止石油供应”这一消息导致恐慌，民众开始抢购厕纸，哄抬物价，最终导致严重的经济大萧条，日本经济在战后首次迎来负增长。

石油危机为日本带来转变，政府和企业曾一度忽视环境问题，石油危机后不得不重视节约能源与资源，采取“减量经营”和“环境经营”。美国同样重视环保，1970年出台了《马斯基法案》《大气净化法案》，对机动车的油耗及尾气排放实行严格的要求和限制。正是因为政府对环保的重视，符合标准的本田等日本汽车在美国的销售份额大幅增长。企业在环保方面做出的努力，提升了企业竞争力。在其他行业，重视环保意味着“高性能化”与“高效化”，而且环保也是企业社会责任的重要构成。现在，日本坚守高环境标准，促进企业与国民健康的共存共荣。

第二，普及国民医疗，改善福利和金融服务等社会基础环境。1867年日本明治维新，尽管当时的日本财政窘迫，却仍为全民提供小学教育，邮局提供邮寄、储蓄、保险等服务。这是“四民平等”精神的实践，有助于日本“国民意识”的形成。

第二次世界大战后，日本实行全民医疗保险制度和养老金制度，为国民提供医疗及退休后的保障，缓和了人们对“生老病死”的恐惧，增强了国民安全感。特别是在高速发展期，日本财政宽裕，推行了诸多社会福利制度。这些制度的实施需要企业与政府的有效配合。现在，日本社会福利支出的很大一部分由各大企业承担。

各国对国民的认知和定义有着明显的差别。美国至今都没能让全民获得医疗保险，究其根源，主要是：根深蒂固的种族歧视，对蜂拥而至的移民存有戒心，担心他们可以轻松地享受福利。情感与事实交织，错综复杂。

为了提升国民安全感，谋求社会的长期稳定发展，中国应加快社会基础设施建设。为此，需要对现有制度进行扩展和深化。中国总人口是日本的 10 倍，国土面积是日本的 25 倍，且是多民族国家，在向全民推行福利制度时，难度远超日本。中日两国既是一衣带水的邻国，又有相近的历史与文化，虽然中国领导人能力优秀，我仍希望日本经验能为中国提供参考。

第三，改善教育问题。教育问题向来备受关注。印度裔经济学家阿马蒂亚·森是目前亚洲唯一荣获诺贝尔经济学奖的学者，他曾提出“人类的安全保障”这一划时代的概念。这与米尔顿·弗里德曼提出的新自由主义经济截然不同，后者强调最大限度放宽对私人、企业的限制，减少政府干预。该学派是英美经济学的主流学派。

阿马蒂亚·森在其著作中，从教育的角度对日本明治维新给予了高度评价。明治维新时期，无论是中央政府，还是地方政府，财政基础都十分薄弱。即便如此，当时的日本政府却能坚持推动全民教育的普及。实际上，在明治维新之前的德川幕府时期，日本的教育在世界上已是独树一帜。不论士、农、工、商，其子女都能到附近的“寺子屋”[①]上小学。德川时代，日本的识字率超过西方，居世界第一。

江户时代的教育以中华文化为主，19世纪后期，日本才引进一部分西洋文学，称为“洋学”。值得深思的是，江户时期的日本在全国成立多家私塾——一种高等教育机构，相当于现在的大学或专科学校。当时最大的一家私塾名为咸宜园，坐落在偏远的大分县日田市，所招收的学生大部分并非来自武士这一统治阶层，而是各行各业的平民。咸宜园的授课以中国的四书五经为主，还包括丰富的应用学科。学校频繁考试，根据成绩划分等级，注重学生的真才实学。因此，日本明治维新时期政府对教育的重视，绝非一朝一夕之功，而是江户时代以及更早时期厚积薄发的成果。在很长一段时期，日本从中国进口最多的便是书籍。中国的学问、艺术、文明为日本人的教育、教养打下了坚实基础。日本的传统教育尤其是精神养成方面，并非现今

① 寺子屋发源于室町时代后期（15世纪），是寺院开办的主要以庶民子弟为对象的初等教育机构，提供类似现代的小学教育，学童年龄多为六至十多岁，以训练读、写及算盘为主。这类机构在江户时代共有2万多所。——译者注

的高考应试教育推动的，而是源于中华文明的“修身、齐家、治国、平天下”政治伦理与社会思想，后者对日本从封建制向现代化的转变做出了巨大贡献。

中华文明博大精深，遗憾的是，长期以来，士大夫和庶民间存在严格的阶级教育差距。中华人民共和国成立后，开始普及全民教育，赋予人们平等的受教育权利。特别是1978 年恢复高考后，教育体制的完善为人才培养奠定了良好基础。人才始终是不可估量的国家力量，对于现代中国的发展意义重大。

现如今，无论是日本，还是美国或韩国，人们都在为考大学、上大学准备资金，这加大了国民间的贫富差距，成为严重的社会问题。中国实行社会主义市场经济，应以美、日、韩为戒，在公开公平的基础上，注重学生的综合素质教育，培育国家栋梁。政府应引导学生抛开功利性的竞争，弘扬传统文化，传承中华文明，注重人类本质教育。此建议虽有僭越之嫌，却是我对日本长期观察之所见。

第四，共同挑战老龄化社会。日本已经领先中国步入老龄化社会，现代日本面临最大的问题是，长寿老人不断增加，而支撑社会的现役劳动者却在逐年减少。目前日本人的平均寿命达到 83.7 岁，居世界前列。对于日本国民而言，活到耄耋之年早已稀松平常。1900 年，日本人的平均寿命只有 45 岁，不过百年有余，这个数字就翻了近一倍。长寿社会听起来令人羡慕，但日本已经迎来世界上最严重的少子老龄化社会,国民的养老问题亟待解决。在东京等大城市，老年人“孤独死”的现象逐年递增，已成为严重的社会问题。

对于中国人来说，想必“老龄化社会”也是备受关注的话题。随着医疗健康政策的落实，中国也会成为日本那样的长寿国家，令人欣喜。然而，中国刚结束长期的计划生育，“少子老龄化”问题就接踵而来。完善医疗保险、退休金、护理保险等社会制度，筹备资金，向全国 14 亿人实施推广，这些改革对中国政府而言，难度可想而知。

实现阳光经济，可以大幅降低民众的衣、食、住、行等生活成本，增加个体人生选择的自由度。只是仅凭这些并不能妥善解决养老问题。我认为各级政府间、企业与所在地域社会应广泛合作，结合实际，逐步扩大国民保障的覆盖范围。为此，须充分考虑不同区域的政策一体化，以保障人们因搬家或跳槽搬迁至其他地区时，他们的福利可以一并转移过去，即所谓的“可移动性”。国家的责任是帮助每一位国民获得更好的生活，而这需要稳固的财政收支提供源源不断的支持。

中国要充分学习日本面对老龄化社会的经验，在国内实施推广。“二战”后，日本在其经济高速发展期，开始推行医疗保险和养老保险制度，作为社会福利。最近，又增加了护理保险制度。日本国土狭长，人口只有中国的 1/10，企业和政府机关的经营管理及财务管理十分周到，有完善的保险制度，它不仅保障保险金、税收和资产的运用，而且是切切实实的全民保险。中国人口众多，民族众多，很难照搬日本的制度。中国需要从内部分析中国社会，制定满足国民需求和符合社会特性的政策制度。

（二）中日经济合作新机遇

世界将迎来新时代，半数以上的地球人口会生活在城市。各国政府积极解决城市问题，即推动国家发展，这也与人类的未来密切相关。在此背景下，中日两国可以考虑在如下方面开展经济合作。

首先，开发阳光经济新区域，探索城市与乡镇可持续发展的合作模式。21 世纪，各国普遍存在乡镇人口大量涌向城市，导致农村“空心化”的现象，中国也不例外。日本的城市治理经验可为今后中国的都市建设提供参考。

东京不仅是全球规模最大的首都圈，而且是世界上最大的交通电气化城市。东京的铁道和地铁线路四通八达，还有可高速、大量运输的新干线，东京市内交通耗时基本控制在1小时以内。东京很少堵车，出行时间损失很小，这也是东京发展为世界最大经济规模首都圈的原动力。相比东京，美国洛杉矶的城市人口虽位于世界前列，却迫于汽车行业的压力，在20世纪50年代废弃铁路，汽车成为主要运输工具。尽管交通干线有很多车道，堵车却是常态，通行效率十分低下。不仅如此，由于缺少公共交通运输，地区间贫富差距加大，城市暴乱、犯罪等问题难以解决。

日本在解决城市问题上独树一帜。“二战”后，日本的大城市接纳很多由乡村涌入的新居民，为他们提供高标准的生活条件、社会福利和工作岗位。“二战”前遗留下来的东京城市规划、战后技术革新和社会基础设施建设在城市治理中发挥了重要作用。2017年，东京首都圈的人口达到3 800万，是“二战”前的3倍。更重要的是，日本不存在欧美地区的贫民窟或犯罪、贫富差距、种族问题。

目前，中国正在实施乡镇扶持政策，推动中小城市和农村发展，以解决乡镇人口向大城市集中的问题。今后，随着阳光经济在中国的普及，通过构建可持续发展的区域系统和经济系统，中国应能解决城乡发展不平衡的问题。具体而言，随着交通革命的爆发，以新型电动汽车为核心的新区域系统将替代原有区域系统，创造出全新的区域。届时，城市与乡镇在交通方面的差距会大幅缩小。那些土地价格低廉、更具开发潜力的乡镇，可以用更低的成本引进新交通系统。新型电动汽车具备电车才有的优势（安全性高，成本低），而且它的一些新功能可以帮助人们顺利地将车辆驶入大厦。此外，与成本高昂的大城市相比，在生活成本较低的乡镇进行建设，对经济发展更有利，也可以有效缓解城市拥挤、扭转城乡不平衡的局面。

中国的京津冀地区、长三角地区、粤港澳大湾区以及成都、重庆，都拥有世界级城市圈。这些区域和城市不仅应推动新型电动汽车发展引发的交通革命，还应完善铁路及航空网络。这需要一系列的技术支持。这些技术正是日本一直以来坚持研发的，包括发电、输电、蓄电等电力技术，控制及自动化技术，城市安全、安保技术，城市运营、开发策划，交通系统的运营和 IT 化，以及健康的生活方式等。在这些领域，日本走在世界前列。当然，中国国民生活的 IT 化和共享经济的发展也是世界最快的。

"二战"后，日本各地曾经一度贫富差距很大。通过战后推行的"全国均衡发展"政策和乡村扶持政策，贫困地区的经济发展、教育、医疗、福利等方面得到有效的改善。城市和乡村生活水平差距缩小，社会得以稳定。

中日双方可借鉴各自优势，建立共赢关系，完善城市运营，解决城市过密、农村过疏的难题，实现城乡均衡，为两国带来长远利益。通过新型交通系统革命和区域系统革命，中国将成为世界上获利最大的国家，"人类的生活圈""舒适的都市圈"因之得到快速发展。

其次，积极开展两国间的文化和旅游观光交流。为了建立中日间广泛的合作关系，实现两国各行各业间的相互交流和相互理解，值得考虑的是旅游观光产业。

旅游观光产业是一个能为两国国民带来幸福感与满足感的产业，对于促进中日两国民间交流、经济融入影响深远。旅游观光最初只是看、吃、玩，但旅游者在长期滞留后可深入了解对方国家，进而购买别墅等房产，或是修建住所，甚至投资、成立公司，开始合作经营，或者开办学校、医院，开展社会活动。中日两国间的经济交流，将以此形式得到更全面的发展，而观光则是上述经济交流的开端。

中日两国的国土特点、自然风光、文化风格对照鲜明，通过国际观光可以让不同国家的人了解对方的优点，这是加深双赢伙伴关系的契机。中国拥有古老而久远的文明，有着辽阔的土地，跨越热带、温带、寒带，多民族共同生活，文化丰富多彩，具备浓厚的世界大国特性。相比之下，在中国看来，日本是远东的边境岛国。日本国土狭长，面积虽小但地形变化丰富，有海洋、山川、河流、湖泊，有城市、农村，有森林、火山、温泉；气候多样，随着四季更替，景色各异，可谓麻雀虽小，五脏俱全。

在漫长的历史长河中，对日本文化影响最大的是中国。日本学习借鉴中华文明，为日本文化奠定了基础。在此基础上，日本创造出属于自己的独特文化。中国壮观的盆景诞生了盆栽，丰富多彩的菜肴诞生了拉面等料理，日本的茶道、武术和歌舞伎与中国传统文化有着密切的渊源。另外，重要的是，中华文明遗失的一部分文化，依然保存在日本文化中，体现在各类书画作品、工艺美术品中。日本成为中华文明的冷冻库和储藏库。从这个角度看，寻找中国遗失的传统，到日本观光或许是不错的选择。

中华文明博大精深、丰富多彩，自然、气候、建筑、城市、美食，无不吸引着外国游客的到来。近年来，日本改进观光政策，以吸引更多中国及其他国家的游客访日。现在中日两国都已经可以称为旅游大国，如果两国加强、加深在各方面的交流和体验，未来一定都可以成为世界顶级的观光旅游大国。更重要的是，两国人民作为观光产业的根基，应加强在各个方面的交流，逐渐确立中日两国的信赖和双赢关系。这对中国在21世纪成为世界第一经济大国以及实现阳光经济和“一带一路”倡议的推广普及具有重要意义。

最后，日本应进一步向中国开放投资，允许中国的金融企业进入日本市场；与此同时，放开日本养老金在“一带一路”倡议区域的资金运作。

进驻中国的日本企业逐年递增，然而仅通过这些日资企业还难以实现中日的共同发展。日本企业积极迈出国门进入中国市场，而中国企业却迟迟没有进入日本市场。仅从这方面考虑，中国似乎更应该积极地走出国门，尤其是金融企业。金融即信息。如果用人体比喻经济，那么血液和淋巴液便是金钱和信息的流动。涉及金钱时，众人都会竖起耳朵，加快交流。一旦有赚钱的消息，人或企业便蜂拥而至。

中日两国经济的双赢关系必须建立在中日两国信息共享的基础上。日本可以邀请前景良好的中国企业进入日本市场，首先应该邀请的是中国的金融机构。日本金融史上的第一次大变革发生在明治维新时期，开始与外国进行外汇交易，并模仿欧美设立银行和保险公司。第二次大变革是将汇率、股票等自由化，让日本市场对欧美金融机构敞开大门。“二战”结束是日本的第二次大变革，但金融市场的自由化却比第二次大变革晚了许久，从 1971 年的尼克松冲击到 1996 年桥本政权的日本版“金融大爆炸”改革，日本的金融基本达到发达国家水平。

20 世纪 80 年代，英国的撒切尔政府率先推行了股票手续费等的自由化，金融监管体制从事先限制转换为事后核准。日本版的金融大爆炸，在稍晚的 20 世纪 90 年代末得以实施。虽然金融大变革（开放市场）在 20 世纪 90 年代成为众矢之的，但日本最终完成向欧美金融机构的市场开放。下一个亟待完成的目标是建立中日两国的双赢关系。日本金融资产市场规模大、利率低，中国金融机构进入日本市场可以用较低成本筹备资金。此外，中国企业还可对日本优良企业进行投资或兼并。同样，日本企业也可以找到高利率、高利润率的新投资方和合作伙伴。日本拥有资金却没有合适的投资对象，而中国企业发展需要资金投入。资金在中日间流动，对于两国而言是双赢。

当然，在积极引进中国企业尤其是金融企业进入日本市场的同时，日本还应当放开养老基金在“一带一路”倡议中的运作。日本成为长寿社会固然是好事，但日本的养老金管理却令人担忧。

在日本国民上缴国家的养老保险金中，其中一部分积累起来后被用于基金运作。该基金的规模已经超过150万亿日元。国民从20岁起缴纳养老保险金，直到退休，这笔钱由国家运作，是一种超长期的运作业务。其中的2/3，约100万亿日元用于购买国债，但时间周期长、利率超低。20世纪80年代，国债收益率预期约为5%，如今已近乎为零。如果按收益率减少5%来算，每年的收入将减少5万亿日元。除国债外，养老保险金还被用于投资日本股市，但国外债券和股市的收益更高。2008年，受金融危机的影响，美国和欧洲的利率大幅下降，对日元汇率也大幅降低，欧美股市暴跌。

如果日本将养老基金用于中国或“一带一路”倡议中，日本的养老基金运作或许会迎来重大转折。养老基金的运作兴起于19世纪的英国，英国对当时的新兴发展国家——美国进行投资，获得巨大成功，进而推广到全球。

养老基金运作的理想状态是成熟、财力雄厚的国家，投资发展中国家或资金缺乏的国家。日本人口虽然逐年递减，但国家财力雄厚，可投资发展中国家及其企业。然而，日本的养老基金目前还无法在中国等亚洲国家的市场上运作。即使在外国运作养老基金，也同 20 世纪 80 年代一样，仅把欧美作为投资对象。这是因为，世界经济的规则至今仍未改变，当时的中国也不是世界强者。现在，随着中国的发展，日本应该把养老基金投资到“一带一路”倡议中去。

二、以阳光经济模式拓宽“一带一路”倡议

第二次世界大战后，日本受益于中美两国的恩惠，得以实现战后复兴。深受重创的中国放弃了日本的战争赔偿，美国对日本战后复兴施以援手，对此，日本不应忘怀。这是日本经济复兴时，曾在经济计划中大展宏图的著名经济学家有泽广已极力主张的言论，我深以为然。

美国在“二战”后帮扶欧洲和日本实现战后振兴，又为发展中国家提供援助。21 世纪，中国正在通过“一带一路”倡议来担起这份重任，这正是日本与中国携手并进之时。日本的支援重点应该放在阳光经济领域，在“一带一路”倡议中，通过阳光经济，实现世界的可持续发展。为此，日本应该同美国一起，加入由中国倡议设立的亚洲基础设施投资银行（AIIB），加强世界银行、亚洲开发银行（ADB）等国际组织与亚洲基础设施投资银行及中国其他开发性金融机构的合作。中日两国应当携手共进，共同为“一带一路”

倡议的发展和阳光经济的普及做出努力。

（一）中日两国合作的技术基础

首先，日本拥有阳光经济所必需的多项技术。在“一带一路”倡议下普及阳光经济，需要在太阳电力发电和输电领域的技术革新。自率先投入使用太阳能发电系统后，日本研发出多项太阳能发电技术，而日本的高温超电导技术可以做到特高压送电，解决了超长距离输送电力的问题。这些技术对于建立全球能源互联网至关重要。

在海水淡化或污水净化、水培作物增产、养殖安全美味的鱼类、植树造林、空气净化、治理工厂污染、从废弃物中回收资源的“城市矿山”技术等方面，日本拥有的专利技术是全球最多的。如果仅在日本国内发展清洁技术，市场规模有限。中日两国应携手，共同挖掘中国这一世界上最大的清洁技术潜在市场，实现清洁技术的广泛应用，并且通过“一带一路”倡议向全球推广、普及。

新型电动汽车既可作为使用太阳电力的私人电车，也可用作护理机器人，或是高速、大量载客的移动工具，这必将掀起全球交通革命。在这一领域，日本同样处于领先地位，率先实现了油电混合动力汽车的投入使用。日本不仅拥有先进的电动汽车生产技术，在产品商业化方面也拥有丰富的经验。此外，日本还拥有自动驾驶、道路充电等多项技术。中日两国合作，共同研发，必定可以加快实现新型电动汽车革命：全程无须亲自驾驶，零事故、零尾气、零堵车，只需支付廉价的车费，便可在任何时间前往任何地方。

日本的城市规划设计以及运用技术，将会在中国建设阳光经济城市中起到很大的作用。目前，东京首都圈是世界最大的城市圈，地铁、电车四通八达，可以以低廉的价格实现快速运输。而且，在日本大城市的规划建设中，交通与乡镇开发一体化，两者具有较高的融合性。

其次，中日合作研发的技术将成为世界标杆。在某一时代大放异彩的技术，大多是在前一个世纪就已经诞生。以煤炭为燃料的蒸汽机技术在18世纪就已问世，到19世纪才遍地开花；19世纪就已发明以石油为燃料的内燃机技术，而到20世纪才开始普及。同样，第一次使用太阳能技术，投入生产使用的太阳能电池早在20世纪中期便已问世。但当时，太阳能电池价格昂贵，未能得到普及，半个世纪后它才崭露头角。

以煤炭为燃料的蒸汽机的发明，促进了第一次能源革命，被称为“煤炭经济”；第二次能源革命被称为“石油经济”，围绕着以石油为燃料的内燃机普及而展开。人类使用的主要能源更新换代，意味着第三次能源革命即将到来，它是以太阳能为核心的阳光经济。中日两国合作是将日本的技术通过中国向全世界普及的契机。

再次，日本拥有领先全球的氢能源汽车技术。丰田和本田的电动汽车中，同时使用电能和燃油的混合动力汽车最受消费者欢迎，而完全不使用化石燃料的纯电动汽车和燃料电池汽车也已进入批量生产。日本的三菱和日产汽车公司分别于 2009 年和 2010 年，率先推出面向一般消费者的“i MiEV”“LEAF”两款车型，均已实现量产。

电动汽车是一项历久弥新的技术，英国发明家罗伯特·戴维森在 1873 年发明了世界上第一辆电动汽车，比美国的电气化进程还要早。在 19 世纪末，汽车产业高度发展，电动汽车的行驶性能远超燃油汽车。1909 年，托马斯·爱迪生发明了镍碱蓄电池，一次充电可供汽车行驶 160 公里，成为电动汽车发展史上的里程碑。当时，电动汽车保持着最快车速纪录，约占市场份额的 40%，与燃油汽车实力相当。之后，燃油汽车的发动机性能飞速提升，迫使电动汽车退居二线。

随着油价暴涨，两类汽车的定位将迎来逆转。不远的将来，电动汽车将会和手机一样在全世界范围内普及。不仅因为它环保，主要还在于它的行驶成本远低于燃油汽车。如前所述，i MiEV 电动车行驶每公里仅需 3 日元左右。若使用深夜电力，行驶成本甚至可以低至每公里约 1 日元。与之对比，普通小型汽车每升油可以行驶 15 公里。按每升汽油 150 日元计算，则每公里的油费为 10 日元。由此可见，电动汽车行驶成本只有燃油汽车的 1/3，若按深夜电力计算，则仅相当于 1/10。如果一年行驶 1 万公里，则每年可节省约 10 万日元。按世界上共有约 7 亿辆车计算，则每年可以节省 70 万亿日元。今后随着太阳能发电成本的降低，电动汽车与燃油汽车的行驶成本差距还会不断扩大。

电动汽车是环境友好型的交通工具。电动汽车的优势不仅在于行驶成本，更在于环保。丰田等汽车生产厂家提出二氧化碳零排放的概念，即由家庭自行发电、蓄进电池，通过一般家用插头为混合动力或纯电动汽车充电，实现二氧化碳的零排放。从太阳电力中获取电力来替代燃料，不会产生二氧化碳，也不会排放氮氧化物、硫氧化物等大气污染物。

电能可以通过电解水的过程转化为氧气和氢气，再将氢气液化装入油轮、油罐车等运输。此外，石油化工联合企业也会产生大量氢气。氢气燃烧只产生水，利于环保。如果现有的火力发电厂都以液态氢为燃料，将不会再产生环境污染物或二氧化碳。

炼铁的二氧化碳排放量仅次于火力发电和汽车排放，人们正在研究如何将氢气用于炼铁或化学工厂。改用氢气后，二氧化碳排放量不仅可以减少 20%，也不再需要大型高炉，还可冶炼低纯度的铁矿石。目前的炼铁技术只能冶炼高纯度的铁矿石，将其与煤炭混合置入高炉中燃烧冶炼。地球上高纯度的铁矿石仅占铁资源的很小一部分，而低纯度铁矿石的储量非常大，但目前的技术无法将低纯度铁矿石用于冶炼。利用氢还原炼铁法，以氢气燃烧铁矿石，便可冶炼低纯度铁矿石。如此一来，不仅可以解决能源问题，铁矿资源的问题也将得到解决。

最后，建立资源回收利用网络，提高环境技术。在各行业中，发电和炼铁是能耗巨大、二氧化碳排放量最大的产业。如果把化石燃料替换为太阳能，同时汽车的燃料由汽油替换为电力或氢能，另外把所有依赖化石燃料的产业能源逐步替换为氢能和生物质能，则人类的二氧化碳排放量将减少 90%。

资源的回收再利用，归根究底是能源问题。回收再利用过程中成本最高的是能源，包括收集半导体、手机等小型分散型资源，将其运输到处理厂所需的能源；融化、提取稀有金属所需的能源。由于成本高，费时费力，回收再利用行业很难实现商业运转。如果使用环保且低成本的能源,便可实现资源的回收再利用。日本的再生资源回收公司，使用 DOWA 生态系统，主要从手机、电脑、汽车催化剂中回收金、银、铂等贵金属。如果所有工序需要的能源价格低廉，不仅可以回收贵金属和稀有金属，还可从废旧家电、汽车中回收所有需要在地下开采的矿物。

廉价能源可促进现有资源的循环利用，未来无须再开采新矿山，从而可以保护自然环境。另一方面，回收再利用技术也是污染处理技术。在回收利用的过程中，一些重金属等有毒物质排放到大气中形成污染，如果可以成功回收，既可预防污染，又可回收重金属。

从资源回收的角度看，减少污染和回收利用价值相当，其中重要的是识别技术。纳米技术将发挥很大作用。日立制作所研发出了世界上最小的无线 IC 芯片“μ-chip”，甚至可以嵌入纸张中。最初在制造手机时，搭载微型 IC 芯片，标明各项指标，未来在回收废旧手机时，便可通过互联网进行追踪，提高回收效率。如同衣服的标签，会注明不可熨烫。将此类识别信息嵌入产品的电路板等，通过扫描读取信息，便可有针对性地进行回收。在生产手机时，将载有相关信息的芯片植入机内，在拆解过程中自动感应，便可获知稀有金属含量信息，随即可将其分类到相应稀有金属回收的工序中。

虽然现在能源价格高，但含有贵金属的产品依然值得识别分类。通过纳米技术追踪产品或物质的移动轨迹，同时连接互联网实施远程追踪，可以大幅提高整体回收过程的效率，这便是回收利用的信息网络。日本仍在继续研究此类技术。不过，对于回收再利用，重要的不只是技术。为推进资源再回收业务，需要完善“静脉系统”这一社会体系。回收再利用的网络犹如人体的静脉，生产运输新产品的是动脉，回收旧产品的是静脉。生产运输新产品可促使企业获利，动脉将变得非常发达。目前，由于成本问题，回收废旧产品的静脉设施依旧不完善。换言之，现在社会体系的静脉非常细小，很容易发生堵塞。主要原因是，石油经济下的能源成本较高。为防止回收网络堵塞，需要加快向阳光经济转型的步伐，不断降低能源成本，同时从政策层面完善回收再利用网络，进行实时监督。

未来，随着太阳电力的成本不断下降，回收利用的经济性将大幅提升。

综上所述，重视环境价值链、能源价值链，打造一条完整的工序，保障能源在制造、储备、运输、使用以及回收等环节完美衔接，可改善整个社会的能源利用率。该体系把节能环保放在首位，通过中日合作，可引入中国乃至整个“一带一路”倡议区域。

（二）阳光经济前景广阔

首先，中日经济合作将不再受资源型经济模式限制。石油分布不均，而太阳能遍布于全球，世界上任何一个霸权国家都无法将太阳能据为己有。阳光经济下，国家间的竞争主要体现在：是否能够在国内各地区间、全球各国间和全球范围内，实现太阳电力的相互融通、网络化，以及是否具备满足供需平衡的能力。这种能力竞争将延伸至粮食和水资源之间的相互融通、网络化、供需平衡、全球环境保护和净化领域。21 世纪的世界主导国应该具备协调、整合能力，这与以往的垄断、霸权、侵略、殖民主义、榨取等正好相反，却与中国传统政治中的“王道”思想不谋而合。国家和地区间相互尊重各自的民主等现代性，是全球体系不可或缺的要素。

1973 年，第四次中东战争爆发。以中东各国为中心组成的 OPEC 宣布大幅上调原油价格，禁止向“亲以色列”国家运输石油，石油危机爆发。紧接着，世界陷入停滞性通货膨胀的困境，面临着经济停滞和通货膨胀的双重打击。由此可见，世界对石油经济的高度依赖。

在日本，家庭主妇纷纷大量屯买厕纸，将货架一扫而空。在物资匮乏的恐慌笼罩下，第二年即 1974 年，日本的通货膨胀率达到 20%，全国陷入物价狂乱的状态。经济高速增长急转而下，随即迎来“二战”后的首次经济负增长。当时《日本沉没》这本小说极其畅销，“油断”（“掉以轻心”之意）成为当时的流行语。国民的恐慌心理成为助长通货膨胀的最大原因。

以石油危机为契机，中东产油国相继抬高原油价格，国家贸易黑字飞速增长，摇身一变成为巨大的债权国。石油资源诞生，产油国开始加大财政支出。与此同时，资源匮乏的日本则进入“一亿人口总紧缩”时代。日元利率大幅上涨，人们控制奢侈品消费，企业致力于开发石油消耗少的汽车和机械，得以大幅提升“绿色技术”（Green Tech）。当时，日本企业最大的经营口号是“减量经营”，发展目标由此前的扩大生产转为缩减成本。

正是因为日本政府与民众齐心协力应对这场突如其来的石油危机，最终，只有日本的汽车达到标准，符合美国《马斯基法案》规定的严格要求。不仅如此，为应对粮食危机，日本研究大米、小麦的生产技术，研发减少大气污染的环境技术以及面向中东地区开发的海水淡化技术。这些技术被称为“绿色技术”，在石油危机后有了突飞猛进的发展。日本的经济体制因石油危机而更加强大。1979 年，两伊战争引发第二次石油危机时，日本的物价稳定，所受影响甚微。日本与德国共同被誉为世界经济的“火车头”，备受世人瞩目。

20 世纪 70 年代日本的应对思路与问题解决经验，可为中国应对 21 世纪的石油危机提供参考。本书的理解是，首要之务是稳定民心，防止恐慌；随后，坚决实行经济紧缩政策，改善经济结构；在此过程中，改善经营管理，节约成本，提高利润。在此基础上，政府应一鼓作气，普及 21 世纪最先进的环境技术——阳光经济。当中国成为阳光经济的世界引领者时，中国的经济体制也将得到大幅提升和改善。

其次，中日之间合作将成为主流。日本加入“一带一路”倡议的同时，中国的金融机构和企业向日本企业投资也将具有十分重要的意义。这将为中日两国创造新的机遇，为双方带来利益。过去 20 年间，活跃在日本的外资基金主要来自欧美，大体可以分成以下两类。

一是企业再生基金。泡沫经济崩溃后，不良债权等问题引发日本企业和房地产破产。它们通过产业再生机构提出申请，接受外资基金出资救活。泡沫经济崩溃后，经过长期的经济复苏，曾经一度被放弃的企业得以起死回生，同时为外资基金赚取利益。二是房地产投资基金。操作模式为，购买日本国内市中心等商业区的房地产或高尔夫球场，成立 REITs（房地产投资信托基金），然后将已购房地产证券化，出售证券以回收资金。日本房地产价格一度低迷，以租金为主的房地产投资收益率高，同时房屋贷款利率低。也就是说，贷款买房便可赚取差价。通过房地产投资基金，将堆积已久的不良债权重新放回市场，对恢复房地产流通、激活日本经济起到关键作用。

未来，中日两国企业合作共赢的商业模式将成为主流。在此之前，中日两国民间关系的主要模式是，日本企业不断进入中国市场。中国有很多企业短期内飞速发展，出现一批自主创业的管理者，像日本高速发展期的本田宗一郎和松下幸之助，自主经营并发展成为大型企业。借助少量资金作为踏板，在瞬息万变的时代摸爬滚打，这些管理者对形势的判断力和决策力，远远超过由职员组成、采取合议制的日本企业董事会。

中国企业对日本企业有各种需求，包括日本的城市规划、建筑及土地开发、各种制造业、高端的医疗与健康服务、观光旅游服务等，以及日本独特的传统和饮食文化等。从潜在价值来看，日本企业和乡镇的房地产价格非常实惠。对于中国来说，我认为目前是投资日本的绝佳时机。中国人比日本人更热衷于投资和金融交易，日本人则擅长制造，中国与日本在很多方面可以互补。

从中国的角度来看，企业家并不想控制日企，把自己束缚在日本市场。他们希望将日本的先进技术和经验带回中国，在中国和“一带一路”倡议市场中获得成功。中国投资日本，对于日本企业是一个绝佳的双赢机会。日本很多中小企业在成熟的日本市场，已看不到发展前景，如果能把本企业优质的商品或服务带入中国市场，可大幅提高业绩，一举跻身大企业行列。然而，众多日本中小企业缺乏资金和人才等资源，即便看到眼前的机会，但仅靠自己公司的能力，也无法到国外发展。

日本的中小企业想要改善状况，抓住机会进军亚洲市场，则需要在中国当地寻求合作伙伴，建立合作关系。相比企业单枪匹马，通过合作可以开拓新商机，获得资金以增强财力，增强海外发展能力。日本已经步入严重的少子老龄化社会，国内市场也已近乎饱和，企业缺乏发展机会。如果日本企业将技术或产品带进中国开展业务，销售额和利润都会增加，投资者对日本企业和股市的看法也将转变。

目前，已有很多日本企业将工厂转移到中国，并因此得到发展。未来，将会有更多的日本企业与中国企业建立共存共荣的合作关系，谋求发展。因此，日本企业应该适当放宽心态，接受经济大国的合作邀请。

第六章

全球化，如何辞旧迎新

列宁曾预言，资本主义将发展为帝国主义，为了霸占世界必将开展战争。然而，欧洲创造的“海盗殖民地主义”和战争时代随着英属殖民地——美国等资本主义国家的独立而结束。列宁成立的苏联，挑战“二战”后的美国等新兴资本主义国家，却以失败告终。此后，美国与中国共同致力于全球化，并主导了全球化的历史进程。

一、经济、战争与和平

19 世纪后期，铁血宰相俾斯麦统一德意志后曾指出："以历史为鉴者贤，以经验为鉴者愚。"不善于从历史中学习的人只能通过苦难、愚蠢和痛苦的经历去学习。如果忘记历史，忘却 20 世纪两次世界大战的教训，21 世纪将可能重蹈覆辙，在恐慌中开启战端。

将统计学中的"横截面分析法"与"时间序列分析法"相结合，是学习历史非常重要的方法。对世界历史的横截面进行分析也是对当下世界结构的现状做出分析。人们在分析世界结构的现状时会自然而然想到，"为什么会形成现在这种情况"，继而对世界构造的历史进行分析即"时间序列分析"。如果能运用"现状分析法"和"时间序列分析法"把世界构造分析透彻，便可预测未来的世界构造将如何变化，进而灵活应对世事变化，准确解答"应该如何去做"。需要指出的是，在统计学的时间序列分析中，如果过去事件的权数越接近现在，受到的影响会越大。也就是说，现在发生的事件会受到过去事件的影响，而且近期事件的影响远大于先前的。将之应用于世界历史，可以解读为：为了预测不久的将来，应该从近代历史中去学习借鉴。然而，统计学中最为基础的“时间序列分析法”，在历史学中经常被忽视。

（一）欧洲的“海盗殖民地主义”

长期以来，世界的经济和战争关联紧密。自 1492 年哥伦布发现新大陆以来，欧洲列强开始在全世界进行殖民扩张，这一进程随着“二战”的结束而终止。“二战”之前的所有战争都是由经济驱动的，通过武力掠夺土地、劳动力、资源、资金以及市场。犹如公司的总经理想拼命提高销售业绩和利润一样，欧洲的君主不断扩张领地、扩充统辖范围内的人民。在殖民扩张中，英国成为世界霸主，统领七大洋。

资本主义是英国殖民扩张的产物。现代股份制公司的雏形是英国与荷兰的东印度公司。东印度公司拥有强大的军队，是战争及商业最有效的组合模式，相较于最早进入印度的葡萄牙具有绝对优势。正如马克斯·韦伯所言，英国和荷兰的成功不仅是依靠禁欲和勤勉的新教徒。当时，大英帝国拥有支配世界的最有力的政治体系。20 世纪初期，世界 80% 的土地都在欧洲诸国的统治之下，列宁将其称为“帝国主义时代”。在我看来，称英国为“海盗殖民地主义”更为恰当。

欧洲的“海盗殖民地主义”是如何发展的呢？最初是西班牙和葡萄牙为了在欧洲之外掠夺香料和金银，使用发达的航海技术和熟练的军事技术开始拓展殖民地。他们在征服新大陆——美洲后，墨西哥城的首府阿兹特克被完全毁坏，殖民者用毁坏宫殿的石头建造了西班牙的宫殿和教会。当时的基督教在与伊斯兰教长期交战，新旧教派之间的互相残杀从未停止。基督教的传教士负有抹杀被征服民族的文化及宗教信仰的使命，同时在美洲大陆和加勒比海之间的各个岛屿上开拓种植园。把新大陆制作的砂糖不断运往欧洲，促进了茶文化和糕点文化的日益发展，形成最初的美、欧、非三角贸易。恶劣的是，欧洲人将非洲人掳来作为奴隶充当劳动力，奴隶贸易持续了 300 多年。

欧洲列强也曾进军日本。16 世纪，日本战国时代，葡萄牙人漂流到种子岛传播了铁炮技术，基督教的传教士也随后抵达。耶稣教会让领主改变宗教信仰，把长崎作为教会领地，甚至摧毁寺院和神社。然而，日本并没有被轻而易举地征服。在战国时代，日本是位居世界第一的铁炮生产国，造就了织田信长、丰田秀吉、德川家康等统治者，依靠强权统一国家。丰田秀吉和德川家康均禁止基督教布教，甚至不惜实施锁国政策以抵御欧洲侵略。

在加勒比海和大西洋上，英国海盗专门袭击葡萄牙和西班牙的船队，抢劫货物。其中最有名的当属弗朗西斯·德雷克船长，他放弃奴隶贸易从事海盗行当，把掠夺来的西班牙宝藏供奉给伊丽莎白女王，其总额比当时英国的国库还要多。德雷克被任命为英国海军司令官，1588 年，英国海军一举击溃了西班牙的无敌舰队，成为海上霸主。从此英国开启了支配七大洋、专事奴隶贸易和海盗事业的历程。

与此同时,英国出现了近代的股份制公司组织。1600年，英国东印度公司成立。当时的印度正处于帖木儿后代莫卧儿帝国的统治之下，东印度公司从英国国工那里获得对印贸易的垄断许可。更不可思议的是，英国东印度公司甚至获得了战争和外交的权限，并拥有自己的军队，成为一家战争公司。莫卧儿帝国从 18 世纪开始逐渐衰败，各地呈现群雄割据的局面，英国东印度公司乘虚而入。他们雇用大量印度雇佣兵，使用最先进的武器，击垮葡萄牙和法国的东印度公司、衰败的莫卧儿帝国和地方藩王的割据势力。随后，英国东印度公司直接支配印度的土地和人民，收取税金。甘地曾说，与其说是英国征服了印度，不如说是印度把英国招引进来（见 M. K. 甘地《通往真正独立的道路》，岩波文库，第 43 页）。各地藩王都想拉拢英国为自己助威，最终却全部被英国统治。

随着英国东印度公司在亚洲的不断发展，形成了新的三角贸易。他们在印度生产鸦片、制作大麻，出口中国；而中国和印度则将红茶出口到英国。英国从印度进口棉花，通过先进的技术加工为纺织品再出售给印度和中国。这是一个极为巧妙的商业模式，关键是英国垄断了一切，从原材料、加工、贸易渠道甚至最后的利益，全部被英国垄断。这种商业模式使英国取得了巨大成功。

18 世纪第一次工业革命后，英国成为世界工厂。无论是蒸汽机、纺织机械等产业技术，还是军舰大炮等军备，英国均居世界领先水平。英国依靠这些力量，征服世界，而东印度公司这一大型企业便是英国的主力军。英国凭借武力欺压弱小、进行奴隶交易、倾销鸦片、征服反抗国，致使传统大国轰然倒下。被征服国家的人们为英国的利益而服务，促使英国这一“绅士之国”越来越繁荣强大，而实际其是名副其实的强盗。因此，称其“海盗殖民地主义”更为贴切。

英国在全球不断扩张，其他的欧洲诸国一方面为争夺欧洲大陆不断挑起战争，时胜时败；另一方面，在世界其他地方发起侵略战争，争夺殖民地抗衡英国。到 20 世纪初期，地球上 80% 的人口和土地都在欧洲的统治之下，世界被欧洲诸国瓜分。英国的民主主义也成为推动殖民地统治的强大武器。英国人意识到，近代民主主义是促使国家强大的有力政策并将此贯彻到底。一方面组建强大的军队，另一方面调整国内制度，削弱国王的势力，加强法治建设，刺激经济活动。通过 12 世纪的《自由大宪章》和 16 世纪的光荣革命及权利法案，逐步建立君主立宪制。君主处于统而不治的地位，由贵族和绅士阶级组成的议会选举首相，通过自由讨论制定最合适的国家策略。“海盗殖民主义”也是通过这种形式而制定的。19 世纪，随着言论自由的发展，威廉·尤尔特·格莱斯顿首相呼吁废除奴隶贸易，为英国争得荣誉。

同时，英国的经济不断向近代化发展，重视保护股东权利及信息公开。企业对大量公开的信息进行分析以便做出经营决策。产业革命促进很多近代化大型企业应运而生。世界各地的资源、市场、企业、劳动力等所有与经济有关的要素开始为英国的利益而服务，英国的“商业模式”形成了。当时的西班牙和葡萄牙还处于封建落后的王权制国家，经济及军备力量衰退，无法实现近代化，被英国大大超越。

（二）曾经卓越的帝国

20 世纪初期，列宁称当时的世界为“帝国主义时代”。日本和美国也被列宁划分到帝国主义国家之列。我无法认同列宁的这一观点。因为不管是古代罗马、唐朝还是奥斯曼土耳其等这些伟大帝国的繁盛时期与欧洲的“海盗殖民地主义”采取的国家治理制度完全不同。被征服的异族成为帝国国民，接受文明洗礼，受国家保护一起对抗外敌，有权享受道路、水等公共资源和教育、医疗等各方面的国家政策。尊重民族自治和不同的宗教信仰，不断促进与当地民族的共存与发展，甚至从被征服的民族中选举皇帝、宰相等其他重要政治领袖。罗马五贤帝之一——图拉真就是出身附属领地的黑人。奥斯曼土耳其曾任命非土耳其人担任宰相职位，大唐王朝曾录用阿倍仲麻吕等外国人担任朝廷重要官职。而大英帝国与此有本质区别，它征服世界的目的是让其为英国人服务，从根本上排斥异己，榨取殖民地的各种资源。

究竟什么是帝国主义？一般认为，帝国主义是指欧洲王权或专制主义时代向殖民地时代转变，各国争夺殖民地和领土的时期。即使到现在，人们对“帝国主义”一词的认识仍带有浓郁的侵略色彩。然而，世界上确实存在过一些伟大的帝国，如奥斯曼帝国在第一次世界大战之前，对罗马的统治长达 600 多年。古罗马帝国分裂为东西罗马帝国，到东罗马帝国最终灭亡，持续了 1 400 多年。这些帝国与 16 世纪之后的大英帝国以及之前的西班牙、葡萄牙、法国等欧洲帝国有着显著的差别。它们虽然占领了很多领土，但是更大意义上是把帝国的文明带给了被统治的地区和人民，促进被占领地区的发展。正因如此，这些国家才能长久发展，维持帝国的地位。

这些传统的帝国制定严明的规则，积极促进多民族、多宗教的融合与共存，对危害共存互融的人给予严格处罚。统治者深刻认识到民族及宗教冲突会严重危害国家安全，引发国家混乱和衰退，所以帝国坚持“宽容”的原则。

罗马帝国第五代皇帝马克里努斯，便是人们摒弃种族歧视，由士兵根据实力投票选出的黑人皇帝。同样，奥斯曼帝国也有一套自己的统治体系，允许从被统治一方的欧洲人中选举宰相。唐朝的唐玄宗任命阿倍仲麻吕为朝廷重臣，开启了接纳其他国家人才的历史先河。对民族及宗教的宽容正是这些帝国实现社会稳定、国富民强的关键（见图 6.1）。

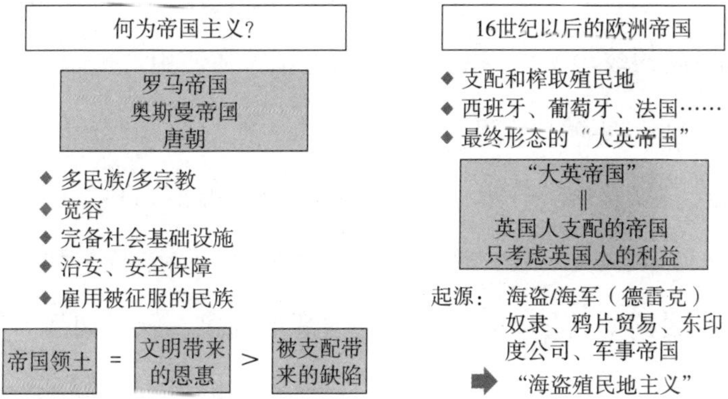

图6.1　欧洲、中东危机的本质：真正的帝国主义是什么

伟大帝国的理念是永续文明。不同语言与宗教的多民族融合是促进帝国发展不可或缺的重要因素。唐太宗开创了“贞观之治”，日本历代政治家通过阅读《贞观政要》等史书可以了解皇帝为实现人们幸福推行的具体理念和政策。

社会基础设施建设对于帝国文明的传播和帝国统治的巩固也非常重要。罗马征服其他民族和区域后，为他们带去较好的排水系统和道路建设、教育以及医疗，让他们享受罗马文明，为自身的发展起到重要作用。另外，为公平对待各个民族和宗教，不断完善政治、行政相关制度建设，提供公平公正的法律、裁判等制度。奥斯曼帝国将此制度用于处理民族间矛盾而闻名遐迩，这也是防止民众对统治阶层产生不满的重要手段。

与之相对，16 世纪以后，欧洲帝国与之前的帝国有截然不同的政治思想。我认为，非西方国家在使用“帝国主义”这一词汇时需要谨慎。英、法、西、葡等西方列强的商业模式均以统治、榨取各民族为主，只考虑本国利益，为追求利益最大化，竭尽所能利用军事力量、科学技术和社会基础设施等力量。侵略战争是罪恶的源泉。欧洲列强为创造“海盗殖民地主义”帝国的辉煌，不断挑起战端，各地战火纷飞，延绵不断。

历史上这些强盛一时的帝国已拥有许多先进的制度，为何会走向破灭？与史家的分析视角不同，我关注的是，帝国的皇位继承存在本质缺陷，从而导致帝国走向衰败。具体来讲，世界上帝王制或封建君主制的国家都是世袭制。虽然蒙古帝国和罗马帝国可以通过士兵、有识之士或族人的拥戴选举继位者，但大部分还是皇位世袭为主。古今中外，这些国家的继承人大都无法避免血雨腥风、骨肉相残的宿命。另外，在中国和奥斯曼帝国，还经常出现宦官掌权。司马迁《史记》记载，秦始皇统一天下，却在死后因宦官赵高发动政变逼死皇长子扶苏，扶植胡亥，加速了秦朝的灭亡。罗马皇帝大都惨遭大臣或士兵暗害，能够寿终正寝的皇帝为数不多。

介绍一下日本特有的政治制度。与帝国主义不同，却包含了日本独到的智慧。在日本历史上，虽没有可以功比恺撒、亚历山大和秦始皇一样的伟大君王，但也没有"专管皇帝男女关系的宦官"、佞臣。日本皇室和德川幕府也存在宫廷政治、大奥（后宫）以及继承和政治腐败等历史问题，却没有出现中国和奥斯曼帝国那般惨烈的斗争。日本大部分国家制度都是效仿中国，却没有引进维持帝王制的宦官制度和科举制度。日本的天皇家族虽然没有德川将军家族的权力和财富，却拥有至高无上的地位。通过权威和权力的分离，日本以天皇为中心的特有国家体制得以延续。

（三）康德预言：殖民地主义、世界大战及全球化

早在200年前，德国哲学家康德就已准确预测了人类

的命运。他指出，人类会遭遇欧洲“海盗殖民地主义”的统治，然后经历世界大战，最后迎来世界和平，实现全球化。

在美国独立战争及法国革命之后，康德于 1795 年出版了《永久和平论》一书，该书彰显了康德卓越的洞察力。书中谈到，“人类生活在一起的自然状态其实是一种敌对的战争状态”，“各民族在自然状态下互帮互助，也互相伤害对方。为确保民族自身的安全和权利，人类需要像市民体制一样的政策来保障、约束其他事宜”。在文明社会，为确保个人生存的权利以及文明国家间的存亡与安全，需要建立安全保障体制。然而在现实中，世界却总被野蛮人统治，这令康德哀叹不已。相较于依靠法律维护社会和平，野蛮人更喜欢使用暴力、野蛮、失去人性的兽性去斗争。这些野蛮国家的元首误以为自己在安全的地方，把国民赶往战场，且将这一做法视为捍卫国家尊严。欧洲的野蛮人通过征服其他民族虏获更多的附属品，用于扩大战争。“海盗殖民地主义”充分体现了这一点。

康德还指出：“地球是一个球体，并不是无限大，人类不可能无限地独自发展下去，最后必须相互忍耐、共同生存。人类在地球的某一处独自生存并不会拥有比别人更多的权利，虽然欧洲诸国是商业繁盛的文明之国，却在美洲、非洲、西印度群岛以及印度尼西亚实行奴隶贸易等非法活动。借在东印度成立分店的口实，欧洲列强把军队带进来，欺压当地原住民，煽动当地其他国家，挑起大范围的战争，使当地人们深陷饥饿、战乱、背叛等灾难的苦楚之中，其罪孽深重。康德愤而言之，“他们一边干着丧尽天良的事儿一边空喊虔诚，行使的是不正之风却宣称这是正统信仰的选择，这才是欧洲列强的真正嘴脸。”

康德如实记录了欧洲殖民地的情况，指出欧洲诸国挑起殖民战争，通过战争扩大领土，统治他国，这些是野蛮行为。日本德川时代的锁国政策被世人认为是落后的政策，康德却给予高度评价，“日本与欧洲来访者进行交谈后，决定实施锁国政策。只允许荷兰人上岸，而且视荷兰人如囚犯严格监视，禁止他们与本国人进行交流。这是非常明智的举措”。康德还指出，中国和印度如果不实行锁国政策，必将成为西方国家的殖民地。

当时西乡隆盛（图 6.2）与康德持同样观点，他是推翻日本封建体制、推动明治维新的核心人物。西乡隆盛曾指出，“文明是指拓宽发展道路，而并非建设庄严的宫殿、穿着美丽的服饰等这些外在的浮华”，“西洋人是野蛮的。如果他们代表文明，就应本着爱和开明来指引未开放的国家，而并非为了自己的利益去迫害他们”。西乡隆盛一语道破西方列强的野蛮本质（见《西乡南州遗训》第 9 页，岩波文库，山田济齐编）。

图6.2　西乡隆盛

然而，明治时代的日本却认为康德和西乡所说的文明与永久和平是痴语。当时重在提倡“文明开化”，宣扬国民与国家的独立自尊和企业化精神。明治维新时代福泽谕吉对日本人的精神影响最大，他曾说：“战争是世界上最为罪恶的事物，但西方各国却一直争斗不止。”他认为，“安乐太平的世界需要在千百年后，随着世界人民智慧和品德的进步才能够实现。或许，到那时回首西方列强的行为，一定会觉得它们野蛮。但在实现和平社会之前，我们需要以欧洲文明为目标建设自己的国家”（见图 6.3）。

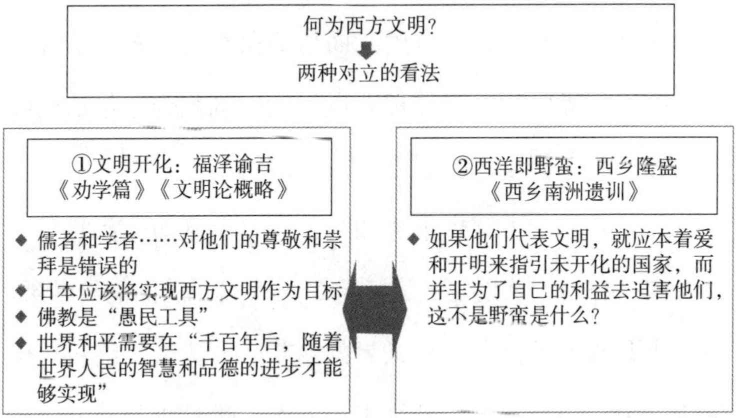

图6.3 欧洲、中东危机的本质：文明和野蛮

康德指出，普通文明社会的基本准则是“己所不欲，勿施于人”。在文明社会，绝对不允许杀人、偷盗、奴役等犯罪行为。社会有完善的法律制度保障人们安全。问题是，国家间无法用这种原则来约束。特别是欧洲一些国家认为“国家的荣誉可以通过不择手段来不断扩大自己的权利”，犹如企业并购一样，国家通过联姻等方式扩张领土和国民，无限制地扩大军备力量互相竞争，最终打破和平的局面，挑起战争。英国为了发动战争,不惜发行国债。在康德看来，“如此轻易发动战争，与权力者嗜好战争有很大关系”。最后的结果将会是，“人类通过卑劣的战略，互相敌对甚至毁

灭。正义也随之消逝。永远和平或许只能建立在巨大的坟墓之上吧”。人类历史几乎按照康德的预言一路发展，从骑士精神到杀戮一般平民百姓，而后堕落至大屠杀，最终爆发了两次世界大战。曾经称霸世界的欧洲列强，包括追随欧洲的日本均未能逃脱急剧衰败的命运。

战后欧洲为了实现永久和平，创立了联盟，而它正是建立在人类巨大墓地之上的，这是康德给予欧洲的启示录。康德也曾准确预测了战后世界的希望，认为人类终将厌倦厮杀，为了保护自己不被杀害，人类会理性地拒绝并惩处战争，将维持和平视为义务。为了实现这一目标，需要一个特殊的机制，比如和平联合机制或和平条约来永远终结战争，“随着联合制度的推广，未来会发展到世界各国，引领世界走向和平，未来自然会证明理念的可行性。”

为了维护世界和平需要建立国际联合组织。“如果有幸出现一个拥有强大国力、卓越见识的民族，由它建立共和国。这个共和国愿意承担联合其他国家的责任，建立联合组织并将其不断扩大”。美国从英国殖民地独立出来后成立共和国，在“二战”后迅速承担起组建国际联合组织的角色，并且引导英国和其他国家加入，逐渐发展为世界上所有国家都加入的庞大组织。正因为联合国的存在，即使美苏“冷战”时期也没有爆发新的世界大战。这证实了康德的预测，证实了通过联合组织实现世界和平的可行性。

各个自由国家和平联盟起来是康德《永久和平论》的第二项正式条款。而第三项正式条款指出“促进世界人民友好相处”，即不可奴役其他国家的人们，不可侵略其他国家当殖民地。这一点在当今世界也已达成共识。联合国成立后，大部分的殖民地陆续独立，奴隶制也消失殆尽。另外，康德认为，“各国和平相处可以保障人们自由访问他国的权利”。现在，实行锁国政策不允许外国人进出的国家几乎不存在。虽然还有一些国家存在战争和内战等，没有实现完全和平，但与殖民地和“冷战”时期相比，人们已经基本实现在各国间自由往来。

在康德看来，人类想要实现永久和平，归根结底是为确保自身安全。人类的动机是遏制互相侵略和残杀，逐渐形成世界公民法等规则，各国只有联合起来才能遵守这一规则。他指出，“只有世界公民法这一概念无法应对暴力与战争，不能保障各国国民的安全。最终，商业精神将支配所有民族”。他甚至已经预测到世界将实现全球化。战争互相破坏是经济利益的宿敌。“在诸多国家权力中，财力才是最值得信赖的力量，各国为实现高贵的和平不断强大自己的财力”。当世界经济休戚相关、密不可分时，无论是哪里爆发战争，强大的联合组织便可通过调停阻止战争。“到了经济全球化的时代，金钱至上等人类的倾向也可通过联合组织机构来解决，保障世界的永远和平”。

二、旧经济体系的局限及突破

梳理欧美社会的主流思想，特别是把握资本主义与民主的本质，对非西方国家领导人无疑是重要的。毕竟，全球化时代，在经济政策和外交政策等领域，非西方国家的领导人应学会如何与西方国家交涉。至于调整西方文明和本国传统的关系，引领本国走向世界繁荣，则是非西方国家面临的核心课题。中日两国的领导人应该站在更高的层面上去理解西方思想的演变，及其对当前的全球化产生的影响。

（一）从神灵支配到金钱支配的历史转变

继古希腊文明后，西方世界的另一派系随着基督教的诞生而开始形成。基督教首先在古希腊文明地区确立了自己的教义，并随着罗马帝国的成立和扩张逐渐向西方世界发展。公元380年，狄奥多西一世时，罗马帝国立基督教为国教。在罗马帝国向欧洲扩张的同时，以罗马天主教为中心的基督教也推广到了整个欧洲。公元 4 世纪末，罗马帝国分裂为东罗马帝国与西罗马帝国。虽然西罗马帝国因日尔曼人的进攻而衰退并最终灭亡，但罗马天主教教会的势力却扩张到了以西欧为中心的整个欧洲。

另外，在中世纪，掌管世俗的神圣罗马皇帝和各国国王实际上被罗马天主教教皇所统治，基督教的教义主宰欧洲。最初，基督教是由耶稣和他的平民弟子组成，自罗马帝国将基督教立为国教后，基督教开始渗透到政治领域，进而执掌大权。在中世纪的欧洲，只有贵族等特权阶级才能成为罗马天主教的祭司、主教和枢机主教等，高级神职人员与王侯贵族一样，住在高大威严的城堡，拯救穷人的教义变成教授王公贵族攀上权力顶峰的教义。

为了反抗充满矛盾的罗马天主教，马丁·路德等创立新教，也称为基督教新教。新教批判罗马天主教，与其形成宗教对立并引发战争。马克斯·韦伯在《新教伦理与资本主义精神》一书中指出，新教对于近代资本主义的诞生起到了重要作用。值得关注的是，韦伯坚持认为，近代资本主义只在欧洲比较发达，而且是从信仰新教的地方发展起来的。他认为，儒家思想是使亚洲经济停滞不前的原因。

然而，考虑到那些在德川幕府时代受神儒佛等东方文化熏陶的人才如二宫尊德，创造出与近代资本主义一样优秀的经营方式，韦伯之说值得商榷。

韦伯认为，宗教和思想对经济体制的改革和诞生影响极大，就此展开的论述、建构的理论成为韦伯学术成就的重要构成。这与现代以美国为中心的经济学对人类思想漠不关心，认为人类经济行为的目的是要从消费中获得满足感最大化，进而把这些极其单纯的人类行为理论用公式表现出来的做法形成鲜明对比。

新教肯定并高度评价被天主教否定的财富和金钱。这是为什么呢？首先，新教从根本上认可勤勉，认为人可以通过全力执行上帝赋予的天职去实现上帝的意志。为此，人们要禁欲、节约、积累资本、再利用资本获取利益，巩固积累。在此过程中，通过公平公正的方法获得成功。换言之，新教促使产业经营合理化，并推动优秀资本家的诞生，而他们是近代资本主义中不可或缺的人才。韦伯认为，荷兰虽然国家狭小但经济发展迅速，新大陆美国在商业和科技方面不断创新。

值得关注的是，韦伯强调，在 16 世纪以后，欧洲和富兰克林所处的美国，营利只是为了遵循上帝的意愿，目的不在于利润。新教徒主张要积极储蓄，然后再投资，强调个人生活要保持禁欲、朴素，对他人要有慈爱之心。这种新形式的新教促使基督教精神发展为两个方向。一种是将利益本身作为目的，此为功利主义。另一种是博爱主义，欧洲把福利国家和福利社会对他人的慈爱作为社会制度，与昌盛的国体紧密相连。功利主义源于英语的 Utilitarianism。在日本的经济学用语中，Utility 译为“效益”，Utilitarianism 则译为“功利主义”。我认为后者的翻译有很大问题，因为 Utility 是经济学中效益的概念，与功利不同。因此，日语中功利主义（Utilitarianism）应译为“效益主义”。效益主义是 19 世纪英国的主导思想，之后发展成为一种意识形态，即让人们相信“英国统治世界是合理的”（见图 6.4）。该意识形态对东方国家产生了重大影响。原因是，19 世纪英国统治世界，西欧列强为了实现本国的效益最大化，对世界实施殖民地化统治。自然，也影响了中国和日本。

如上所述，新古典派的经济思想主张以经济和国家管理为目的实现效益最大化，个人消费满意度总和等于整体国民满意度总和，即消费满意度的最大化是经济活动或经济政策的目的。值得关注的是，效益最大化这一观点虽然在日本被错误地翻译为“功利主义”，但是我认为

“Utilitarianism”这一英文单词用“效益主义”进行表述会更贴切。为了实现效益最大化、消费满意度最大化以及财富最大化，最重要原则是尊重自由。所以在效益主义中，平等和博爱等民主主义的重要原则所处的优先顺序只能更低。

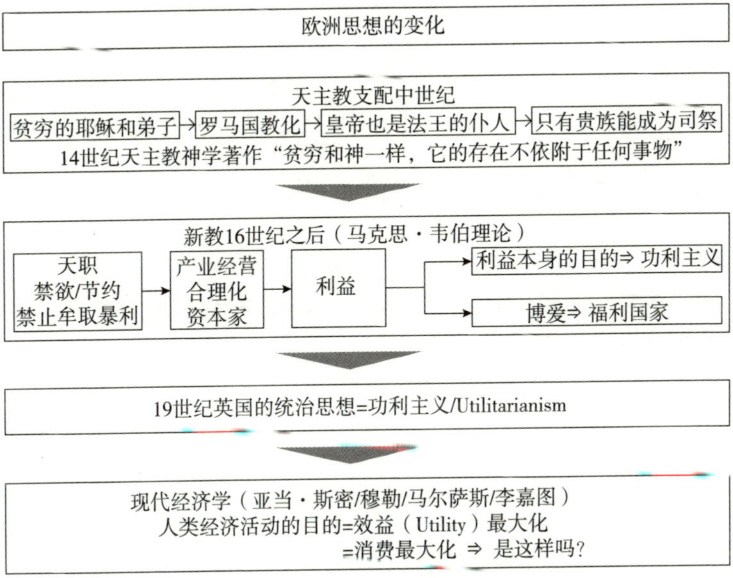

图6.4　欧洲、中东危机的本质：从神支配到金钱支配

译为“效益”的 Utility 表示消费满意度。英国人杰雷米·本萨姆是功利主义的始祖，将“效益最大化”作为原则，并将其广泛应用于东印度公司的经营管理，最终成为整个英国社会的经济思想。既然人类经济活动的根本目的

是实现效益最大化，那么经济活动的目的就是实现整个国家或者国民效益的最大化。对英国而言，英国经济活动的目的是促进英国国民消费满意度最大化，无须考虑亚洲及非洲国民的自立、独立和发展。

19 世纪形成的“效益最大化”理念至今仍用于新自由主义经济学，在以美国和英国为中心的世界经济学中不断传承。

（二）均质化，作为民主的条件

美国生物学家托马斯·西利有一部非常有趣的著作《蜜蜂的民主》，书中介绍了蜜蜂的共同体运营、决策方法、舞蹈语言和投票行动等。诺贝尔奖得主卡尔·冯·弗里希则对蜜蜂的“投票行动”进行了详细研究和解读。蜜蜂群体通常由一只蜂王和数万只工蜂组成，舍弃旧巢、寻找新巢对蜜蜂而言是非常重要的决策。如果位置选错了，包括蜂王在内的所有蜜蜂都将面临死亡。

蜜蜂是如何选择新巢位置的呢？这可以称得上是大自然的神奇禀赋，为了确定新巢位置，会派出几百只工蜂去侦查，各自发现认为最合适的位置后就返回巢中。随后工蜂会通过“舞蹈语言”来解说为何自己选择的位置是最合适的。看完解说后，数万只工蜂会通过舞蹈语言进行投票，获得投票最多的选址被确定为新巢。随后，蜂群便迅速从危险的老巢中搬离飞向新巢。这被称为“蜜蜂会议”。与人类等社会生物的群体行为相比，蜜蜂的投票行为被认为是最合理的民主行为，冯·弗里希的研究发现了这一点，并荣获诺贝尔奖。

西利教授概括了“蜜蜂会议”作为民主主义机制得以有效实现的条件，并将其应用于分析民主如何才能在人类社会有效发挥作用。这些条件包括：候选人员与投票人员拥有相同的判断能力；所有成员作为一个共同体力争做出最好的选择；共同体的利益与个体利益一致。核心是，社会成员的能力以及“均质化”的目的。

回顾美国历史，不难发现“蜜蜂会议”与美国民主的运行机制竟然高度吻合。美国是最先战胜欧洲“海盗殖民地主义”的国家，与欧洲的国家体制不同。1776 年，美国从大英帝国的殖民地中独立出来，建立了一个不同于欧洲的公平社会，规定法律面前人人平等，严格保护私有产权，是一个没有英国贵族或王族制度的共和制国家。当时的美国社会没有身份和财富高低之分，所有男性白人都拥有选举权。人们通过对方所受教育和能力来判断是否为绅士，那是一个为绝大多数人追求幸福的社会。

根据“蜜蜂会议”的民主主义标准，阿历克西·德·托克维尔所见到的 19 世纪 30 年代的美国新英格兰共同体极为均衡，近乎达到理想状态。那里的人们大多为信奉基督教的白人信徒，能力与资产相差无几。每个人都尊重共同体和他们自己的命运,而且很多人都具有牺牲精神。换言之，经济实力均衡，有着共同的目的和善意，这些条件使民主可以在共同体治理中有效发挥作用。即使是美国的开国伟人，也不谋求成为特权阶级，而是竭诚为国民效力。第一任美国总统华盛顿兼任独立军司令官时一直是没有领取酬劳的。曾起草《独立宣言》的第三任总统杰斐逊会亲自回复每一封国民的来信。美国在独立初期，追求的政治理想是权力服务于人民，而美国丰富的资源和辽阔的国土支撑着这一理想。即使是来自欧洲饥荒或战乱的难民，也能过上富裕的生活。

美国没有参与欧洲的“海盗殖民地主义”纷争，仅靠开发本国辽阔的土地，就创造了巨大财富。美国政治精英的理解是，与派驻军队统治殖民地相比，在海外销售美国的优质商品、投资赢利项目对自身更有利。这也是一直以来美国要求日本和中国实行“门户开放”的根本原因。美国国内各方面的生产力飞速增长，移民不断增加，截至19世纪末，美国发展成为世界第一经济大国。亚当·斯密的自由贸易理论在美国落地生根，时至今日仍然是美国国际经济理念的重要基础。

被视为典范的美国的民主，何时诞生，又是如何变化的？

1831年，法国年轻的贵族阿历克西·德·托克维尔历经一年的时间，走访美国各地，于1835年出版了《论美国的民主》一书。直至今天，这本书仍然是研究美国民主的经典著作，也令学生时代的我获益匪浅。托克维尔记载了他在美国旅行的所见所闻，当时的美国从英国殖民地独立出来已有55年，在他看来，美国是法国大革命所倡导的“自由、平等、博爱”三大原则构成的理性世界。英裔清教徒为了寻求新天地来到美洲，开拓新英格兰地区。他们组建了共同体，居民之间相互合作、讨论，最后以民主的方式进行决策。那里与欧洲迥然不同，没有王侯贵族和封建地主，也没有拥有特殊权力的官员。人们互相尊重，各自为了过上更富裕的生活而努力。为了使所在地区变得更好，建设学校等重要的事情，都需要全体居民参加，发表各自的意见，经充分讨论后做出决定，这便是最初的民主主义。

托克维尔曾预言，早期的美国就已经开始推行民主主义，所以以后必将超越欧洲成为世界大国。预言最终变成现实，20 世纪初，美国引领新的石油经济成为世界第一经济大国。加拿大和澳大利亚的国土面积与美国同等规模，却因长期没有脱离英国和法国的殖民统治，虽然发展成为令人舒适的国家，但人口稀少，在实力上与美国完全不可比。

托克维尔认为，美国的民主主义正是美国的发展战略。事实的确如此。19 世纪到 20 世纪，美国国民虽然由多民族、多宗教的移民组成，仍然坚持走民主主义道路。《独立宣言》和《美国宪法》是华盛顿和杰斐逊等开国国父的伟大构想与实践，宣誓忠于美利坚合众国和美国民主主义是美国人民的义务。不同种族、不同民族、不同宗教和不同语言的人们，本着“民主主义”的“自由”“平等”“博爱”等原则和通过英语沟通，实现国民统一。这可谓是人类历史上的伟大实验，人们向往美国社会的机遇和民主主义，世界各地胸怀大志的人蜂拥而至。

19 世纪 30 年代，托克维尔访问美国时，美国社会具有极高的均质性。之后，美国接纳来自世界各地不同种族、不同民族和不同宗教的移民。19 世纪后期，美国已经变成一个多元化的社会。根据1865年南北战争结束后颁布的《奴隶解放宣言》，非洲裔的人们也可以从南部移居全国各地。但是，在奴隶制度诞生的南部，黑人没有选举权；在学校和公共场所，白人和黑人的座位是分开的。20世纪60年代，南北战争结束100年后的肯尼迪政府时期，经由马丁·路德·金牧师领导的“公民权运动”，种族歧视制度最终得以废除。

现在的美国，存在高度多样化及不同的价值观，均质不再。多民族、多宗教、多文化的国家如何坚持民主主义的自由、平等、博爱等原则来实现国家繁荣昌盛，这是美国面临的挑战，也是人类社会普遍存在的难题。目前，欧美政局持续动荡不安。究其原因，相较于个别领导人的问题，主要是因为欧洲和美国所提倡的民主主义、资本主义甚至新自由主义经济在欧美的发展已经到达极限。

（三）全球化的未来

现在，全球化的主角是中国和美国。与此同时，全球化的功过备受争议。

1980年，罗纳德·里根当选为美国总统。在经济学家米尔顿·弗里德曼等人的新自由主义经济思想的基础上，里根政府实施了“里根经济学”，包括企业和个人的经济活动自由，小政府的政府管制放宽政策、缩小社会福利政策、减少税赋等一系列政策，得到美国国民的支持。从里根时代开始,美国步入新的经济增长期。在此之前,玛格丽特·撒切尔作为英国首相，也已登上历史舞台。撒切尔抨击了被称为“从摇篮到坟墓”的社会福利政策、国有企业效率低、工会抑制和阻碍企业活动等行为，提倡以民营化和企业活动自由为支柱的小政府，史称“撒切尔革命”。

值得关注的是，里根政府和撒切尔政府都提倡企业活动自由化，鼓励企业进军海外。与此同时，在金融界实行名为“大爆炸”的政策，包括房地产行业的宽松政策，打破行业加入工会的规定和旧的劳动习惯等。正是这些政策开启了全球化时代。

社会制度的成功与失败，受当时所处环境的影响很大。为什么撒切尔和里根的改革促进了经济增长，而当今美英领导人提高社会满意度的努力却以失败告终？究其原因，不是因为领导者资质的差距，而是外部环境的巨大变化。20 世纪 80 年代末,德鲁克在《管理的新现实》一书中指出，国际企业间的竞争仅限于美国、日本、德国和英国四个国家，其他国家的企业根本无法参与竞争。德鲁克的这一见解当时被称为定论，发达国家与其他国家之间的贫富差距被称为“南北问题”，是一个永远无法解决的问题。然而，沧海桑田，世事难料。如今，中国正在发展成为世界最大的工业生产国。东盟各国、印度、拉丁美洲、俄罗斯、巴西甚至非洲也在不断发展。换言之，参与全球市场经济的国家数量急剧增加。20 世纪 80 年代发达国家的经济增长模式并不局限于特定的发达国家，21 世纪的新世界，所有国民均将拥有实现富裕的机会。

讽刺的是，现在否定全球化的国民大多来自欧美等西方发达国家。以中国为首的世界主要的非西方国家，则认为全球化促进了经济增长，有利于国家发展。西方发达国家反对全球化的原因有，就业被海外剥夺、贫富差距扩大、移民涌入和社会动荡，以及全球化威胁了世界各国的经济增长。在我看来，全球化主张企业和个人的经济活动自由最大化，正是这一原则令社会失去了民主主义倡导的三大原则中的博爱和平等。这也是全球化在西方国家饱受指责和批判的症结所在。

20 世纪 80 年代至今，美英两国都是以新自由主义的经济思想为主导。新自由主义主张个人和企业自由，强调效益最大化，这与西方基督教文明倡导的平等、博爱截然不同。中世纪，欧洲的统治结构由王侯贵族的世俗统治和罗马天主教会在欧洲的信仰统治构成。罗马天主教会在上帝面前并没有实现真正的平等和博爱，大多数神职人员都来自王侯贵族。然而，从中世纪时期开始，作为社会原则，上帝面前的平等和博爱比自由更加重要。在 19 世纪的英国以及现在英美等资本主义社会环境下，人们意识到，与平等和博爱相比，只能追求自由这一原则。

反全球化的另一种观点是，截至 20 世纪 80 年代末，美国、西方和日本等发达国家认为没有必要将其他的国家视为经济上的竞争对手和合作伙伴。发展中国家是发达国家所需原材料的进口地和产品出口基地，并不是创造先进产品和现代服务业的生产地。该时期，发达国家的国民都受到南北差距的庇护。正是由于南北差距，发达国家政府才能缩小政府规模和权限从而实现小政府主义，民间获得更多利益促进经济发展，财富聚到发达国家的国民手中，这是 20 世纪 80 年代以前的世界经济体系构造。但是，自 20 世纪 90 年代以后，全球化的本质是劳动力的国际化，即公司将劳动生产跨境转移到生产成本较低的地方。发达国家的国民从劳动的角度上开始分为两种形式。一种是为经营者和资本家提供劳动的大多数国民；另一种是经营者、资本家、专家和投资家等利用劳动力的少数国民。

跨国公司将劳动力从高成本的发达国家转移到低成本的发展中国家，促使公司、股东、金融机构、专家和投资者获得了巨额利益。与此同时，由于工厂和办公室迁至国外，导致发达国家的大量劳动力失业，佣金和薪酬也大幅下降。于是，发达国家的大多数国民越来越贫穷，只有极少数的国民可以获得巨额利益。雪上加霜的是，发达国家的企业一直在缩减国内业务并将就业机会转至海外。而面对企业的这些行为，发达国家的政府似乎束手无策。

美国把就业机会转移到中国来后，中国绝大多数国民富裕起来。这是为什么呢？

20 世纪 90 年代以来，中国与美国一起协作不断扩大全球化规模。我在 2007 年出版的《中美经济关系》（日文版）一书中曾论述中美两国关系。全球化建立在中美两个不同体制的国家之间，而非其他国家之间。因为中美经济关系源于两国之间深远的国家战略，其他国家无法效仿。未来的全球化将在很大程度上取决于中美两国未来的经济关系和国家关系。值得深思的是，自 20 世纪 80 年代以来，美国开始忽略国民均衡发展共同富裕、消除地域贫富差距、法治下追求公平等一系列有关平等的政策，而中国却在积极出台政策并推进平等。此外，随着市场经济的导入，经济自由也被不断落实推广。之前西欧国家经常批判中国是非民主主义国家，未来西欧对中国的看法将截然不同。

在全球化之前，制造业是经济的中心。公司的发展和利益与员工、国民的成长和利益基本保持一致。然而，从美国大型 IT 企业可以看出，他们的企业利益与国民就业、政府财政收入毫无关联，却成为美国社会分裂、不满和贫富差距的根源。大型 IT 企业的投资者、金融机构、经营者、律师和会计师等极少数专业人员，他们有高智商、高能力，可以获得巨额利益。然而，大多数美国国民的就业和生活以及其他行业却因此受害。亚马逊等大型 IT 企业的发展，已经导致许多制造企业和零售商倒闭。虽然创新促进了新旧产业的更替，且是历史发展的必然，但问题是，在当今美国社会，破坏性的创新摧毁了国内的工厂和收入，却没有形成新的就业和收入来源，没能创造税收收入。国家投入巨额预算开展科学技术和军事开发，获得的创新成果是美国 IT 企业成长的源泉。这些企业利用了创新成果，却没有为国家财政和就业做出贡献。同时，在资本市场和金融市场追求股东利益最大化这一美名的掩饰下，这些企业行为却是被认可的。

至于金融行业，同样存在公司与国民的受益和负担的不平衡。2008 年金融危机时，国民背负了金融机构造成的巨额损失。然而，赚取巨额利润的金融机构完全没有回馈国家财政和社会的意识。

如果不纠正这一本质缺陷，不管创新多么伟大，美国的经济和社会都无法实现持续成长和发展。这印证了约瑟夫·熊彼特的观点。约瑟夫·熊彼特是创新理论的创始人，曾任哈佛大学经济学教授、奥地利财务大臣。他曾指出，如果资本主义的发展不能回馈国家和社会，将无法维护民主主义。美国社会如果无法认识并深刻检讨这一点，将很难实现这个伟大国家的真正复兴。

纵观 1990 年以后中国的发展历程，通过社会主义的平等、博爱与市场经济的自由，中国正朝着世界经济大国的方向发展。通过社会主义市场经济，中国成功实现了市场经济、社会和国家之间的共存共荣。这对美国应有重要的启发意义。

第七章

中国模式渐成：使命与机遇

20 世纪 90 年代至 21 世纪，中国以中美经济关系为起点，发展成为世界工厂。由于在全球化时代找到了自身发展的方式，中国得以从众多发展中国家中脱颖而出，走上了具有自身特色的发展道路。中国的成功为其他发展中国家向工业化和市场经济化发展开辟了道路。然而，中国作为世界上人口最多的国家，在能源、资源、粮食、水和环境等方面面临严重问题，这越发凸显了向阳光经济转型的必要性。

一、石油经济向阳光经济转型的中国使命

石油经济的致命缺点是，资源存储量的有限性与资源分布的不均衡性。这两个特性注定了石油经济时代是争夺资源、引发纷争和战争的经济时代。提供人类生存必要条件的能力将成为21世纪新的国家竞争能力。在阳光经济这一新的世界秩序下，中国有望成为世界的主导国。当中国实现人类的可持续发展后，无论是发达国家还是发展中国家都将效仿中国，推进阳光经济。当世界所有国家同时实现阳光经济后，资源不足问题将不复存在，世界会从资源不足的恐惧中解放出来。

（一）阳光经济诞生的世界经济体系

如前所述，阳光经济带来的能源革命，会引发以新型电动汽车为中心的交通革命，进而引发地域革命，促进新型世界经济体系的诞生。那么，阳光经济将会如何改变既

有的、以资本主义为中心的世界经济体系呢？

首先，经济原理发生巨大变化。其中，变化最大的并不是企业和资本的自由流动，而是人类平等将会成为推动世界经济可持续发展的动力。为在全世界实现阳光经济，人类需要理解新的经济原理，其中最重要的是尊重、平等，通过网络实现相互依存和相互扶持。未来新型世界经济繁荣的规则将以太阳电力网络为基础，人人可平等地参与所有经济活动，实现经济的可持续发展。

16 世纪，通过航海旅行，西方人发现地球是圆的，且是有边界的。此后，欧洲各国以大西洋为中心的经济活动，便围绕着如何利用和占有有限的能源、粮食和资源展开竞争，竞相开拓殖民地，掠夺全球资源及土地。与之相反，太阳能源是无穷无尽、平等、普遍存在的且具有半永久性的可持续特征，它所产生的太阳能电力是阳光经济的基础，而阳光经济可以平等地向全球推进，促进世界经济成长。

为实现阳光经济，需要以极低的成本修建向世界各地传输太阳电力的输电网，实现全球能源互联网。为实现这一目标，所有国家无论贫富，都需要修建电网，与世界各地相互连接，最终确保均衡覆盖全世界，成为促进世界走向繁荣的一个共享网络。与太阳电力相关的全球能源互联网，体现了平等、相互依存、相互扶持的新型世界经济体系的原理。太阳带来的光、热、风和水流都是自然现象。在白昼地区发电，向黑夜地区送电将成为普遍模式。同时，在寒冷地带利用风力、沙漠地带利用太阳热能以及利用海流产生的太阳能电力将可随时输送到地球另一端。全球能源互联网覆盖下的地区，可以相互提供并消费电力。各国相互融通、共同富裕，才能促进本国的繁荣昌盛。水、粮食、可回收再利用资源以及人类生存条件，也是同样道理。

太阳电力将推动全球电化，而且现代生活用品基本都已电化。通过太阳电力实现电化后，经济不发达地区也可低价购买家电或信息设备，为现代化、信息化生活提供必要的基础设施，促进地区之间的平等。据统计，国家的电化程度达到一定水平后将降低出生率，人口总数趋于平稳，这将有效抑制世界人口数量爆发，缩小世界各地之间的差距。当阳光经济推广到世界各地后，人类将从饥饿、贫困带来的恐惧中解放出来，无论是城市还是接近大自然的地区，都可以过上更加安全舒适的生活。

其次，政治原理也将发生变化。阳光经济是建立在平等基础上的经济体系。一个国家的基础是人人平等，世界的基础是人类平等。以往世界经济体系的中心是资本主义，它并没有真正追求人类平等。随着中美经济关系日益强化，从相互依存发展到全球化，使很多国家富强起来。然而，一些富裕国家却认为，如果所有人都变得富有，地球的能源、资源和粮食将达到极限，并因此而感到不安。由于阳光经济是以太阳电力为基础，太阳电力是无穷尽的且成本极低，能够实现世界经济的可持续发展，人类的可持续发展将不再受到限制。

阳光经济是一种新的经济体系，它使人们相互依存、相互扶持、相互信赖而非独自占有。届时，人们不再一味强调“不要抢我东西”等自由主义，会优先考虑平等，将自己的东西分享给贫困者。通过向贫困者分享资源，可使全人类实现共同富裕。在阳光经济体系下，国际关系基础将是协调、合作、相互依存和维护世界网络。西方国家曾经主张把国际关系比作零和博弈，认为他国获利便是本国受损，这一观点今后将逐渐改变。具体体现在，修建太阳电力网络并合理利用，备足全球所需要的水、粮食、资源和环境，为实现新型电动汽车的交通革命和地域革命，分享相关技术和社会问题的解决办法、共享各领域创新成果，在全球创建新型国际协调体制。

（二）大政府推动的全球化时代到来

20世纪80年代以来，“新自由主义经济”成为欧美和日本的主流思想，也是国家经济管理的基本原则。基本的理解是，政府干预民间经济活动是非效率的行为，政府应减少干预，遵循市场经济规律。撒切尔政府和里根政府时期实施的经济政策，都曾把“小政府”作为口号，否定了政府财政职能中的大部分福利政策和产业政策。

20世纪的全球化是由小政府推动的。发达国家的企业通过参与全球化，将原本属于本国公民的就业机会转移至发展中国家，因此得以发展。而发达国家的民众在全球化的浪潮中，却有人欢喜有人忧。从英美到现在的日本，都在逐渐放宽企业政策，是形成当下时局的重要因素。企业可以轻易裁员、关闭工厂或者迁至国外，政府为获取高额收益，不断简化企业向国外转移的手续。问题是，发达国家的政府在放宽政策的同时，福利社会也失去了生机。福利社会是指政府保障国民生活水平的一种社会形态。战后英国提出要把“从摇篮到坟墓”的福利社会作为自己奋斗的目标，而美国在肯尼迪被暗杀、约翰逊总统上台后，提出把“伟大社会”作为政府目标，只要身为美国国民，就可以获得高水平的生活保障。日本也紧随英美步伐，开始建设自己的福利社会。

福利社会的目标是要保障人们的就业机会。英国为了保障就业，很多企业被国有化。美国工会力量强大，不允许随意裁员、关闭工厂，是一个劳动者处于强势地位的社会。成为福利社会的前提条件是，保障企业、股东、国民、员工利益达成一致。在福利社会，国民生活水平提高意味着国民购买力提高，企业也将从中获利。

20 世纪 80 年代的日本被称为“一亿人口中产阶级”社会，接近理想的福利社会，企业和员工共存共荣，国民消费能力较高。随着国民生活水平的提高，企业和整体经济得到发展，日本的发展主要依靠美国出口业务。第二次世界大战后，索尼、丰田、本田、松下等日本企业进入美国市场，与本土极具实力的美国企业展开竞争，同时德国企业也发起挑战。英、美两国在建设福利社会的过程中，各种尝试大多以失败告终。人们过于依赖福利而失去了劳动欲望。工会只关心如何保全既有权利，并不把客户放到第一位，动辄游行罢工，甚至面对赤字也无动于衷。而日本、德国企业的产品物美价廉，深受全世界消费者的青睐，英美众多企业无力抗衡。

消费者喜欢物美价廉的商品，企业员工更关心工资待遇而非企业的发展。无论英国还是美国，国民利益都出现了分歧。20 世纪 80 年代初，英国首相撒切尔、美国总统里根上台。两人均提出，要优先考虑消费者利益。因此能够满足消费者需求的企业得到发展，持有股份和房地产的资本家、投资者同时获利，利害关系达成一致。福利社会的理想被摒弃，优先考虑企业和投资者的利益，开启了放宽政策和小政府的时代。

这被称为“新自由主义经济”，小政府成为欧美国家的口号。

在经济发展过程中，追求自由的企业已经不是重点，重要的是可实现平等的政府。阳光经济需要强大且公正的政府。同时，必须发挥市场经济的作用，使个人和企业能够最大限度地发挥自身能力。小政府推动经济发展的时代即将结束。另一方面，市场经济可促进资源有效分配，它的有效性今后仍然非常重要。而中国实施的中国特色社会主义市场经济，成功地把追求平等的强有力的政府和市场经济的效率性结合在一起，在全球具有开创性意义。

我认为21世纪的世界应该进入大政府时代。

第一，随着全球化不断扩展，各国政府税收进一步增加，政府会更加强大。在发达国家，大型企业利益持续增长，带动经济整体成长。只要跨国企业在本国诚实缴税，政府税收将持续增加，财政规模也将不断扩大。问题在于，英、美两国并不积极改善本国财政状况，因为财政领域的任何变动都将牵动政治的敏感神经，民选体制中的政治家通常不敢得罪选民。中国是世界经济发展的最大驱动力，推行社会主义市场经济，政府指导经济发展。政府统管近乎所有外汇，国有企业仍是经济发展的主要组成部分。外资企业和民营企业的税收也在大幅增加，中国的财政规模将不断扩大。同时，效仿中国、推行全球化的发展中国家，其财政规模也会扩大。

小政府始于英美，为全球化发展创造了机遇。今后全球化将为世界带来大政府。政府如何使用财政收入，不仅对本国，还将对世界产生影响。财政收入是用于王族或权力阶层，还是用于提高军备力量，或是用于消除国民间的贫富差距，抑或是用于促进世界和平，各国政府做出不同的选择，结果也将大相径庭。

第二，技术革新将推动人们职业转型。随着阳光经济的发展和人工智能的普及，单一的体力劳动或工作将被自动化取代，某些职业也将随之消失。从而衍生出使用创新技术的新职业，经济整体也将得到更大的发展。然而，在创新的同时，如果单纯依靠市场经济，传统职业向创新职业的转变并非一帆风顺。一般来说，传统职业的从业人员并不具备创新职业所必需的技术和技能。

创新有“破坏就业”的弊端，这一点从18世纪英国工业革命以来就不断出现。单纯依靠市场经济，会导致失业、贫困、社会动荡、城市的贫民区化，进一步拉大贫富差距。要解决创新带来的这一弊端，需要大政府的引导，帮助失业人员转行。政府需要发挥自己的职能，提供就业、保障生活，然而如果仅有此职能，会导致更多的人依赖政府。政府还应发挥其他职能，为从业人员适应新职业提供职业培训，督促企业制定推动员工就职的教育机制，让更多的人在高附加值的新岗位成功就职。

现在，在欧美国家中，一些北欧国家通过创新已经成功向新职业转型。这些国家在维持市场经济的同时，政府向失业者提供了一定阶段的补助，提供新职业的培训机会。北欧诸国在维持大政府的同时，确保国民高收入和经济的整体发展。中国是人口规模最大的国家，相比人口规模较小的北欧诸国，想要为人们提供安全保障是非常复杂和困难的。因此，强有力的政府引导和市场经济创新相结合，是实现大政府的必然条件。

（三）中国的“一带一路”倡议

20 世纪 80 年代，中国实行社会主义市场经济。从 20 世纪 90 年代到 21 世纪初，中国的经济发展举世瞩目。2010 年后，通过独特的经济体系创新，中国发展成为国内外一体化的经济生态体系，在世界上标新立异。

中国的“一带一路”倡议体系很庞大，我很难面面俱到地论述，但财政投融资及开发模式是该体系的核心。这种国家主导的模式具有如下几个特征。

第一，财政投融资要素组合。“二战”复兴到高速发展期的日本经济是财政投融资的典范。截至 1990 年末，日本政府的财政作为民间投融资的补充制度依然存在，但进入 21 世纪后，财政投融资制度被废除。日本实施新的经济制度，即民间或国民资金充分运用于金融领域以实现财政职能。

中国财政投融资的本金由四大商业银行等大型国有银

行和养老基金的储备金、保险金以及贸易顺差获得的巨额外汇组成。

首先，资金通过居民储蓄和企业经营活动流入国有金融机构或者养老基金，后转为中国国家开发银行等政策性金融机构的投资资金。中国国家开发银行是全球最大的政策性金融机构，起着举足轻重的作用。其资金规模是日本政策投资银行和国际协力银行等政策性金融机构总额的4倍多。近年来,中国国家开发银行实行大规模经营体制改革，同过去日本的财政投融资一样，它曾面临巨额损失。通过改革，中国国家开发银行不仅改善了投融资组合的质量，提高了贷款回收率，而且为开发投融资对象做出巨大贡献，推动了国家、地区、民间企业的经济增长，提升了劳动就业和福利水平。

其次，通过债券市场，中国国家开发银行从大型国有银行和养老基金以较低成本筹集资金，并听取国际律师事务所和欧美银行咨询师的建议，通过严格的融资审查后再投融资。在这方面，同日本的财政投融资完全不同，不仅成功规避了巨额损失，而且大幅提升了金融机构的经营质量。日本的财政投融资一般对固定的投融资对象进行机械性投资，结果造成巨额损失，这也是国有金融机构常见的问题。

第二，资产担保型金融。中国的土地为国家所有，地方政府只要得到中央政府的许可，就可以利用土地开发来发展经济。之前，中国没能充分发挥这一优势。国家开发银行就此进行了金融改革。地方政府通过市场进行投融资开发，可以接受房地产作为担保。地方政府不仅对基础设施建设、城市开发，还对民营企业的创新活动进行投融资。在这个阶段，土地尚未被利用起来，但随着基础设施建设和城市开发，地区GDP会不断增长，土地和房地产将会增值并带来现金流，而且可通过房地产抵押进行融资。这是国家开发银行开创的新型资产抵押融资形式。

在国外，国家开发银行对发展中国家的基础设施和资源进行投融资同样采用了资产抵押金融的方式。国家开发银行与其他政府机关、中国民间企业、国际企业和熟悉相关开发建设的企业，共同参与发展中国家的资源、能源和基础设施开发。届时，可以把发展中国家未来的资源、能源等资产作为担保，提高投融资安全性。更重要的是，把未来资源作为资产抵押，通过这种前所未有的模式进行投资开发，不仅可以确保投融资正常开始，还可以激发潜在的开发利益。

第三，严格的市场审查。上文提到，财政投融资利用金融手段实现财政职能，在战后日本高速发展期起到至关重要的作用。50 多年来，日本的新干线从未出现乘客死亡事故，包括新干线在内的全国高速公路、全国公共住宅以及上下水道等，都是支撑国民经济生活的基础设施。然而，随着日本进入低速发展阶段，财政投融资却造成了巨大损失。2001 年，废除了利用国民邮政储蓄、邮局简易保险、公共养老金保险进行投融资的财政制度。究其原因，在于审查不到位。财政部负责财政投融资的资金分配，却没有进行实质性的审核，机械性地把资金分配给国家团体组织、公社和自治体等固有的投资对象，实行“大碗账”财务经营管理，导致低速发展期资金无法回收，财政投融资陷入僵局。

国家开发银行也曾面临投融资审查不到位和经营管理不善的问题，近年来，通过采用欧美银行最新的经营管理方式，与国际律师事务所合作，得以改善投融资过程中的审查和财务经营管理程序（见图 7.1）。

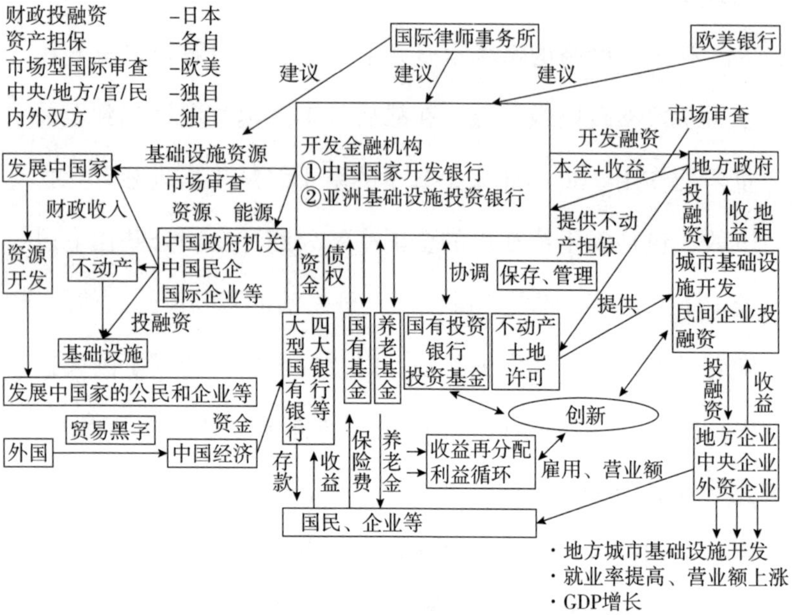

图7.1 中国的经济体系创新与外国的经济体系

第四，多主体共赢的经济发展模式。通过制定国际化市场型的投融资审查标准，国家开发银行可以在中央和地方政府、官方与民间、企业与个人等不同主体之间，共同开展投资业务。在完善的经济体制下，政府部门与民间部门、中央与地方、企业与个人之间可共同开展业务，未来将会带来更多创新。当可以选择性地进行改革创新时，就可实现更高品质的经济可持续发展。中国国家开发银行、投资信托银行与私募基金等共同合作，这在全球国家政策性金融机构中，是一种极具创新的投资模式。

第五，国内外一体化的经济开发体制。这一经济体制有很多主体，包括多个中国官方组织、中央和地方的政府组织、国内外政府和民间部门，甚至还有一些以欧美为中心的法律事务所和国际银行。

二、阳光经济与中国发展

中国是当今世界上最大的汽车市场，且利用太阳能等可再生能源的电动汽车在中国受到大力推广。特斯拉对中国十分重视，计划在中国修建的充电站数量远超日本。中国正在展开一场巨大革新，这是汽车领域迈向阳光经济至关重要的一大步。因此，中国更有可能成为阳光经济的中心。

（一）阳光经济的中国基础

1990 年后，中美两国在经济方面形成了互相依存的关系。在这一关系的影响下，世界慢慢走向全球化。现在，中国已经发展成为世界经济体系的重要成员，与美国比肩而立。中国发展阳光经济的基础如下。

首先，政府具备较强的国家能力。中国国家体制最大的特征是大政府。虽然西方国家一直宣扬只有小政府才能实现经济发展，但事实证明，从20世纪90年代到现在，中国的经济发展速度远远超过日本和西方诸国。而2000年以来，为了消除地区差异、发展全国经济和提高经济发展质量，中国政府开始大规模推进交通基础设施建设、住宅和城市开发等。与之形成鲜明对比的是，英美等西方诸国和日本等发达国家，在这期间实施小政府、企业放宽政策，财政规模和基础建设投资不断缩小。对此，发达国家通常认为，中国在大政府的指导下，虽然得以发展，但它的发展是从较低经济水平开始的一个高速发展期。此后，若想与发达国家比肩，必须实行小政府。

事实果真如此吗？在我看来，如果中国政府能顺利切换到阳光经济的轨道，就能避免前高后低进而坠落的经济发展形势。但是，这需要政府实行一系列措施。

通过市场经济体制，把取之不尽且成本低廉的太阳电力作为主要能源，同时对资源进行回收利用，大幅减少对化石燃料和其他资源的进口，这可以有效解决资源能源枯竭的问题。

利用不断增加的国家资产，进一步完善太阳电力的基础设施，推进全国实行电化，加大水、空气、土壤等自然环境的净化力度，保障所需水和粮食的安全及用量。此外，利用大规模自动化机械在全国开展植树造林，提高森林涵养水源的能力，保障水资源的正常供给。

积极推动新型电动汽车的交通革命，缩小地区差距，扩大生活范围和工作范围，解决中国城市集中的问题。通过扩大居住区域，有效缓解住房压力，人民生活逐渐富裕，消费水平提高，用于文化、教育方面的支出将会增加。随着大部分环境问题得到解决，中国将成为世界的模范标兵。

这些恩惠都将来自阳光经济，它是以国土和国民的平等为基础的。阳光经济下，人们相互依存、相互扶持。如果政府与国民之间相互合作达成共识，便可走向可持续发展的更高层社会。国民将可享受更安全、更便利、成本低廉的日常生活。另一方面，从石油经济向阳光经济转型的同时，类似汽车司机这类职业将会消失。但整体经济会更加富足，将会衍生出很多高附加值的新职业，经济规模也将越来越大。在政府的指导下，调整劳动供求关系，推动高附加值行业的就业。

其次，执政党以平等为使命。在中国，“平等”具有非常高的认同度和接受度。初期阶段，平等就是人人有饭吃。目前，中国政府正在努力推动社会层面的公民平等。具体包括，政策应保证国民在教育、医疗、地方开发、法律、交通等各方面的平等待遇。这些领域属于社会基础设施，也称为软基础设施，与道路、铁路、电网等硬基础设施一样，是重要的社会基础设施。中国正在努力完善软硬两方面的基础设施，尽可能为更多的国民带来可持续发展。

再次，前期经济发展的积累将提供强有力的支撑。中国成为世界工厂后，美国、日本、欧洲以及亚洲各国企业都纷纷进入中国市场，包括中国台湾。在长长的南北海岸线上形成工业带，装载原料的货船开往世界各地，生产的产品可出口世界各地。南到香港、深圳、广州，中部包括上海、北京、天津，北至东北的大连和沈阳，都形成了巨大的产业区域。沿长江所形成的东西产业区域，西起重庆，东至上海，全长 2 000 公里，是连接沿海百万城市的产业带，其规模远超日本京滨工业带、美国纽约港以及五大湖等工业区。

中国沿海城市的生活模式与发达国家越来越相似。在饮食方面，意大利面条、寿司开始普及，日常购物也从农贸市场改为超市、便利店，民众开始关注时尚，对住宅要求冬暖夏凉。手机、电视、网购，周末开车出游以及海外旅行，成为许多中国家庭的日常生活。民众开始拥有银行存款、有意识地购买保险、投资房产或股票，进而使用银行贷款。沿海地区和大城市慢慢成为世界各大企业争抢的巨大消费市场，其中，内资企业成长速度甚至超过外企。无论是石油、通信、银行、保险等规定严格的特色行业，还是家电、汽车、房地产、批发销售等竞争激烈的一般行业；无论是上市国有企业还是民营企业，不断有优秀企业成长涌现出来。尤其在IT行业，一些公司甚至成长为跨国大企业。

（二）中国的阳光经济路径

1908 年福特 T 系列上市以来，燃油汽车就成了石油经济的主角。美国作为石油经济的盟主，率先打造了汽车社会，并推广到全世界。现在，中国已经是世界上最大的汽车市场（见表 7.1），远远超过排名第二的美国。预计中国将会成为新型电动汽车的中心。在中国整体经济向世界最大的阳光经济转型过程中，新型电动汽车将发挥重要作用。

表 7.1　世界四轮新车销售量（2016）

序号	国家	辆数（万辆）	人口（亿人）
1	中国	2 437	13.6
2	美国	687	3.1
3	日本	414	1.2

续表

序号	国家	辆数（万辆）	人口（亿人）
4	德国	335	0.8
5	印度	296	12.5
6	英国	269	0.6
7	法国	201	0.6
8	意大利	182	0.5
9	巴西	167	2
10	韩国	153	0.5
11	俄罗斯	123	1.4
12	西班牙	114	0.4
13	墨西哥	106	1.1

资料来源：一般社团法人日本汽车工业协会数据

中国是世界上人口最多的国家，面临着城市人口过于密集而农村人口空心化的问题。在石油和资源方面，过度依赖国外进口。换言之，现代中国仍然依赖传统石油经济。然而，当经济结构向阳光经济自发转型时，中国经济将成为最大的受益者。笔者观察的中国的阳光经济路径如下。

首先，有计划性地将不可再生能源的使用转向太阳电力的使用，逐渐减少石油进口。这不仅可以节约国民财富，更重要的是，太阳电力与石油等有限资源有本质区别。太阳电力越普及费用越低，而石油则是越消费费用越高。太阳电力的普及需要不断投资技术革新，修建输电网，在国内外扩大全球能源共享的范围，而这将成为中国政府“一带一路”倡议基础设施建设的支柱。经由“一带一路”倡议，减少人类对能源的争夺，建立与太阳电力互相连通的网络体系。

其次，通过降低太阳电力的成本，促进整体经济的电化。将能源都替换为太阳电力，通过能源共享网络连接全世界各个输电线网，既可降低因产油国时局不稳定或纷争等因素带来的能源供给危机，又可以实现能源和经济的共同稳定。

最后，以太阳电力助力环境保护，提高经济质量。如果家庭供暖和工厂运转都实现了电化，就可大幅减少空气污染，提升国民健康水平，蓝天白云让人们心旷神怡。农业和渔业也放弃石油，转而使用低廉的太阳电力，将可提高生产效率。更重要的是，环境净化领域将会实现向太阳电力的转换，环境净化机器基本上都是靠电力驱动。当低廉的太阳电力越来越普及，水净化、垃圾处理以及土壤净化的成本会随之降低，也将提高资源回收再利用的经济效益。随着政府环境监管力度的加大，再结合环境改善和产品质量改善带来的鼓励，可同时提升环境质量、经济效益和产品品质。同时，在纯净的水和土壤里培育养殖的农作物及水产品的商品价值会更高，由环保且成本低廉的工厂生产的产品会更具竞争力。

（三）中国的阳光经济未来

中国作为世界第二经济大国，有 14 亿人口，是世界上人口最多的国家。当经济体系完全转型为阳光经济后，中国有望占据世界第一经济大国的地位。因为，目前中国是世界上最大的能源资源进口国，可以从阳光经济中获得更多好处。而且，阳光经济的平等特性与中国社会主义国家的平等定位相契合。如果将新的阳光经济运用到“一带一路”倡议，中国和世界都可以实现可持续发展。中国将引领世界率先发展新型电动汽车，而能源的电化不但可以减少能源进口，还可解决一系列问题，如因人口过密引起的住房问题、环境污染问题、水资源和粮食的安全问题等。届时，中国将同时实现交通革命和地域革命，向阳光经济成功转型。

首先，阳光经济增加居住选择。虽然中国国土面积大，但人口基数也大，都集中在大城市，而且是沿海地区的大城市。针对这一现状，不断扩大可居住区域或长期居住地区范围，对政府、企业和民众都具有深远意义。“二战”结束后的 70 年中，日本自民党执政长达 65 年，最主要的原因是推崇“全国均衡发展”政策。如果中国实现阳光经济，会更容易实现全国均衡发展。如此一来，中国城市住房难的问题便可得到解决。而且，除大城市以外，海边、森林、湖泊附近等亲近自然的地方更便于工作。这是因为，实现阳光经济后，人们的生产劳动将会与技术革新相辅相成，可以制造出高附加值、更具创造性的产品，在文化领域也将创造出更多拥有高附加值和经济价值的产物。同时,农业、水产养殖业以及制造业的附加价值都会增加，旅游和研究开发等服务性行业或知识产权行业不仅将带来更多就业机会，还会使区域工作多样化。

其次，获得安定持续的发展。当中国实现阳光经济后，便会拥有必备条件，来改善国民生活，实现社会稳定和可持续发展。因为阳光经济可以以较低的成本为人类提供安心安全的必备生存条件，中国实现阳光经济后，所需的人类生存必要条件便可轻易获得。在石油和天然气等化石能源方面，中日两国很大程度上依赖进口。日本粮食的 70% 依赖进口。在水资源方面，日本相对充裕，而在中国很多地区都面临水资源不足和水污染的问题。对很多中国民众来说，纯净的空气、水、土壤，以及茂密的森林和清澈美丽的海岸线及河流都是可望而不可即的。连锁反应是，由环境问题引发健康问题，导致医疗和养老金的成本随之激增。

通过阳光经济，中国的能源、资源、粮食、水、环境将不再短缺，而且成本也会降低。由于环境得到改善，医疗支出会相应降低，人们便可长寿。交通革命可以大幅降低移动成本，扩大移动范围，使人们生活更加宽裕。为促进社会发展，人们会更积极地开展技术革新、发扬文化文明、改善社会，让人们的参与度更广、更深。大众也会做到“衣食足而知礼节”“恒产者有恒心”。正是经济实现了可持续发展，国民的心才会安定，社会才会实现安定可持续发展，从而形成良性循环。

再次，提高生活和经济品质。以汽车为例，在阳光经济下，生活、经济各个方面都逐渐实现电化。与煤炭和石油相比，使用电力更有助于实现机械自动化。未来，太阳电力的成本会进一步降低，农业、建筑业、医疗、老人护理等劳动力密集型产业也会实现自动化，提高效率及品质，帮助人们过上更高品质的生活。

又次，解决环境污染问题。当太阳电力成功替代石油或煤炭等能源，即所有锅炉、暖气、空调，甚至工厂生产设备全部实现电化后，当下中国所面临的大气污染、水污染、土壤污染等亟待解决的问题，将在很大程度上得到缓解。就像日本曾经举国努力改善 20 世纪 60 年代工业过度发展带来的环境污染问题一样（图 7.2），我们希望经过中国全国人民的努力，将会再次看到北京秋高气爽的蓝天，再次看到日本人曾经憧憬的中国山水画、南画的山清水秀、白沙青松等中国特有的景色。

图7.2　20世纪六七十年代，环境疏于治理导致严重的大气污染

资料来源：日本神奈川县官方网站

最后，有望成为富裕社会。石油经济是美国经济下的产物，如果中国能够成功从石油经济转为阳光经济，中国

社会将会变得更加富裕。整体上讲，全面实现阳光经济后，只需对太阳能发电的基础设施进行初期投资，后期则不像石油和煤炭那样，需要开采、运输和进出口等费用。当然，发电设备和输电设备是必要的，需要国家或民营企业投资建设。当能源基础设施实现以太阳电力为中心的阳光经济时，国民生活所需的动力源全部来自电力，就可在全国范围推广完全电气化。从人的衣食住行，到获取产业或生活所需能源，都可以利用价格低廉的电力。例如汲水用的抽水泵、净水器、海水淡化装备、上下水道设备等都可实现电气化，可以为全国人民提供安全干净的水资源。

阳光经济时代，能源、资源、粮食、水、环境、移动、健康对于人类生存必不可少，未来会以更低廉的成本、更简单和安全的方式提供给每一个人。换言之，中国国民可以在安定的社会环境中享受丰富多彩的人生。

三、阳光经济型“一带一路”方案

（一）中美能源发展路径明暗已分

中国正以最大的力度推动阳光经济，今后将超越美国实现经济增长，并且将克服能源和资源对经济增长的限制。未来 10 年，中美之间的差距将会越来越明显。美国选择与中国加强合作关系，是一个很合理的决定。对中国而言，进一步加强与美国的关系，具有更大的意义。第二次世界大战后，美国在全球建立了自由贸易原则与国际协调机制，1990 年后推动世界经济全球化，对中国乃至全人类都是一笔巨大的财富。

对美国而言，全球化意味着美国经济圈的扩大，有利于美国的经济发展，但对中国和世界上其他文化圈而言，并非公平。全球化意味着，在不动用军队的情况下，通过经济方式实现美国称霸全球，然而也带来一系列问题，包括环境破坏、贫富差距加剧、贫穷国家人们的生存等。如果美国不着力解决这一系列问题，将被其他国家孤立，在国际社会中作为主导国的影响力也将减弱。

21世纪的阳光经济以共存共荣、优势互补为根基。首先，要面对能源资源紧缺问题，未来石油将成为引发亚洲各国间冲突的主要因素，应该在亚洲地区建立“能源消费国同盟”。同盟的主要目的不是交涉石油价格，而是共同推动阳光经济和技术共享。打破一国垄断石油等化石燃料，建立共享体系，尽量不直接燃烧化石燃料而是用于促进社会和经济的发展。

中日两国都是能源进口国家。两国将通过技术交流，共同构筑排放权交易系统并将其推广到“一带一路”倡议各个国家。以阳光经济为轴心的“一带一路”倡议能源消费国同盟将来可能发展成为经济共同体。毕竟欧盟最开始也是从钢铁、煤炭共同体发展而来的。

亚洲各国的化石燃料主要依赖中东进口，从长远来看，为了保障能源安全，各国应该积极参与建立共同体。在这一共同体内，各国可以共享节能环保技术、自然资源的利用技术、农产品生产技术以及环境技术。

中东原油的海上通道防卫问题也是亚洲需要共同面临的课题。如果可以实现能源安全保障，便可实现军事上的安全保障，或许能源消费国同盟还可确保公海的安全保障。届时应该呼吁美国共同参与。

不仅中东的海上运输通道对于美国本土十分重要，亚洲的海上运输通道也至关重要，因为中国沿海地区分布着大量的美国工厂，美国政府有责任保障这些工厂的正常运行。美国政府与亚洲海上运输通道的防卫有直接利害关系，应该避免因加强日美同盟而与中国对立，应该商讨如何与中国缔结安全保障的经济合作关系。

(二)“王道”思想的中国方案

现在，中国是世界上最大的汽车销售国。包括中国在内的其他发展中国家对石油的需求正在急速增长，短期来看，石油需求还将继续增加。大约石油总量的 40% 用于火力发电、暖气等热源，40% 作为动力源用于汽车、轮船、飞机，剩余的 20% 作为生产化学产品的原材料。其中，用作热源的石油将被太阳电力替代。随着新型太阳能电动汽车的出现，用作动力源的石油也将被取代，随后轮船、飞机的动力源也将逐渐电化。最终，石油需求将降至现在的两成。当然，太阳电力的发电成本是决定石油经济向阳光经济转型快慢的关键。

中东地区潜在的世界危机，其本质原因是石油经济。在解决以中东为中心的世界危机时，中国有可能是最关键的。中国的领导者应正确认识并理解今后世界危机的本质，提前做好准备以便随时采取行动，在规避世界危机中发挥主导作用。为此，中国不仅需要在国内建立危机管理体制，还须与世界各国领导人一起，为搭建世界危机管理体系做出切实的、有建设性的准备，以便在危机发生时共同行动、迅速应对。日本在“二战”后发展成为亚洲最大的经济强国，作为全球经济“安全保障体制”的核心国家，日本与欧美主要国家曾携手应对20世纪80年代后的全球金融危机。21世纪的中国拥有强大的经济实力和国力，日本则拥有丰富的经验，中日携手合作势必成为全球危机管理和平发展的中坚力量。

那么，中国应该怎么做呢？我认为，可以参考“二战”后美国承担的职责，帮助战后欧洲与日本实现复兴，引领战后世界经济的增长。在欧洲马歇尔计划和日本复兴援助政策的帮助下，战败的德国和日本实现了“奇迹般的复兴”，经济迅速增长，进而成长为拥有完善基础设施的工业国家。这是成功的典型案例。

当然，我们不能期望严重依赖石油经济为生的中东地区走上和战后德国、日本相同的发展道路。但是，通过中国提出的“一带一路”倡议以及亚洲基础设施投资银行对基础设施的投资，可实现广大地区的经济发展。“一带一路”倡议不仅连接中东地区，而且连接亚洲广阔地区，成功实现阳光经济转型的世界广大地区将走上可持续发展道路，也会给主导国——中国带来可持续的经济增长。这与“二战”后的美国非常相似，当时美国不仅实现了世界经济的复兴，还创造了 20 世纪五六十年代的黄金发展，为世界带来长期稳定的经济增长。

奥斯曼帝国曾经给中东地区带来了长期的和平与稳定，中国拥有比奥斯曼帝国更加古老的历史文明，中国实践“一带一路”倡议，在互惠、友好、共存的基础上为中东地区的城市建设提供援助，将会为世界秩序的稳定做出巨大贡献。当然，这需要国家之间的通力合作。届时，日本作为世界第三大石油进口国，应协助中国共同推动中东地区向阳光经济的转型。

中国特色社会主义市场经济创造了新的经济体系，新经济体系的创新有效促进阳光经济这一新型经济体系的普及，尤其是，它对于阳光经济所需的基础设施配套具有重要意义。

未来，可以帮助中东地区摆脱石油经济实现复兴的只有“一带一路”倡议。中国没有干涉过中东问题，当世界各国加入中国提出的“一带一路”倡议，并且在中东地区开始推广“一带一路”倡议时，正是中东得以复兴的时候。

因为石油资源有限，在石油经济的背景下推广“一带一路”倡议，各国势必会与中国争抢资源。在阳光经济下，推广“一带一路”倡议，可以避免各国争抢有限的资源，从而实现“一带一路”倡议地区的可持续发展和世界的共同繁荣。

中东的经济体系应该通过“一带一路”倡议将太阳电力传输到全世界。另一方面，还应继续研究和开发高附加值的石油产品，发展教育、培育各方面人才，建设产业、贸易和金融据点，推动新型电动汽车的交通革命，建设阳光经济城市，推动IT等领域的产业创新。一旦实现，中东必将成为阳光经济的中心。届时，即便中东产油国开始向世界提供太阳能电力，它也不能像过去一样，通过建立OPEC来采取垄断措施，或者宣布停止石油运输来威胁世界各国，引发石油危机。因为太阳电力与世界电网相连，即便一方停止电力供给，还可以由其他地方输送。单方面地停止供给太阳电力，只会减少本国收入。

中东地区作为石油经济的中心，从石油经济向阳光经济转型，意义深远。中东地区成功转型后，不仅获取太阳能源，还可以提高石油、天然气等重要有机能源的利用效率。人们不再单纯地燃烧能源，只为获取一些附加值低的热量和电能。通过中东石油经济的转型，将生产高附加值的产品、提高流通效率以及商品开发创新。届时，中东地区将获得太阳电力和石油衍生的高附加值产业两大基础产业。中东经济体系的转型对推动全球石油经济向阳光经济转型、促进世界和平有极其重大的意义。

实现阳光经济，不仅可以促进石油经济的能源转变，而且具有“解决人类问题”的重大创新性。自 15 世纪发现新大陆以来，形成了西方对殖民地和资源的统治；第二次世界大战后美国以民主的名义推动了殖民地的解放，形成了石油经济的统治，阳光经济可促进双重统治构造格局的转变。

我们期待尽早看到中国能以阳光经济体系的新思路和崭新的“一带一路”倡议的平台经济模式，在更高、更人性、更平等的层面上重新塑造新的世界秩序。阳光经济体系的实现，也是中国传统思想中所推崇的“王道”所在，是为全人类所共同期待的大同世界。

参考文献

F・L　アレン「オンリー・イエスタデイ　1920年代・アメリカ」藤久ミネ訳、筑摩書房
石川好「カリフォルニア・ストーリー」中央公論
入江昭「太平洋戦争の起源」篠原初枝訳、東京大学出版会
マックス・ウェーバー「プロテスタンティズムの倫理と資本主義の精神」大塚久雄訳、岩波文庫
上田篤「日本人の心と建築の歴史」鹿島出版会
エズラ・F・ヴォーゲル「ジャパン・アズ・ナンバーワン」阪急コミュニケーション
エズラ・F・ヴォーゲル「中国の実験　改革下の広東」中嶋嶺雄訳、日本経済新聞社
内村鑑三「代表的日本人」鈴木範久訳、岩波文庫
梅原猛「聖徳太子」「梅村猛著作集１・２」小学館
梅原猛「海人と天皇」「梅村猛著作集３・４」小学館
岡倉天心「茶の本」桶谷秀昭訳、講談社学術文庫
岡倉天心「東洋の目覚め」「日本の名著３９」(岡倉天心)中央公論社
小野川秀美、貝塚茂樹「孫文と毛沢東」「世界の名著７８」

（孫文・毛沢東） 中央公論社
アレックス・カー「犬と鬼　知られざる日本の肖像」 講談社
E・H・カー「ロシア革命の考察」 南塚信吾訳、みすず書房
ジェラルド・L・カーティス「永田町政治の興亡」 野口やよい訳、新潮社
M・Kガーンディー「真の独立への道」 田中敏雄訳、岩波文庫
加藤祐三「黒船異変　ペリーの挑戦」 岩波文庫
関志雄「共存共栄の日中経済「補完論」による実現への戦略」 東洋経済新報社
カント「永遠平和のために」 宇都宮芳明訳、岩波文庫
ドナルド・キーン「明治天皇（上・下）」 角地幸男訳、新潮社
エドワード・ギボン「新訳ローマ帝国衰亡史」 中倉玄喜編訳、PHP 研究所
児玉幸多「人間と大地の対話』「日本の名著２６」（二宮尊徳）中央公論新社
小堀宗慶、小堀宗実「綺麗さびの茶　遠州の美と心」 小学館
西郷隆盛「西郷南洲遺訓」 山田済斎編、岩波文庫
トマス・ジーバーツ「都市田園計画の展望「間にある都市」の思想」 蓑原敬監訳、学芸出版社
塩野七生「ローマ人の物語Ｘ　すべての道はローマに通ず」新潮社
司馬遼太郎「「明治」という国家」 日本放送出版協会
島田晴雄「明るい構造改革」 日本経済新聞社
ハインリッヒ・シュリーマン「シュリーマン旅行記　清

国・日本」 石井和子訳、講談社学術文庫
O・シュペングラー「西洋の没落１・２」 松村正俊訳、五月書房
ポール・ジョンソン「アメリカ人の歴史１〜３」 別宮貞徳訳、共同通信社
孫文「三民主義」「世界の名著７８」（孫文・毛沢東）島田虔次訳、 中央公論社
孫文「講演集」「世界の名著７８」（孫文・毛沢東） 堀川哲男・近藤秀樹訳、中央公論社
孫文「書簡集」（孫文・毛沢東）堀川哲男・近藤秀樹訳　中央公論社
高橋亀吉、森垣淑「昭和金融恐慌史」 講談社学術文庫
立花隆「「田中真紀子」研究」 文藝春秋
田中角栄「日本列島改造論」 日刊工業新聞社
田原総一郎「日本の政治　田中角栄・角栄以後」 講談社
G・R・テイラー「人間に未来はあるか」 渡辺格・大川節夫訳、みすず書房
G・R・テイラー「地球に未来はあるか」 大川節夫訳、みすず書房
A・J・トインビー「現代が受けている挑戦」 吉田健一訳、新潮文庫
徳富蘇峰「吉田松蔭」 岩波文庫
P・F・ドラッガー「[新訳]新しい現実」 上田惇生訳、ダイヤモンド社
トロツキー「裏切られた革命」 対馬忠行・西田勲訳、現代思潮社
中江兆民「三酔人経綸問答」 桑原武夫、島田虔次訳、岩波文庫

中島岳志「中村屋のボーズ」 白水社
中村隆英「昭和史Ⅰ・Ⅱ」 東洋経済新報社
中村元「古代インド」 講談社学術文庫
西尾幹二「国民の歴史」 産経新聞社
西村幸夫「都市美　都市景観施策の源流とその展開」 学芸出版社
新渡戸稲造「武士道」 矢内原忠雄訳、岩波文庫
二宮尊徳「報徳記」「日本の名著２６」(二宮尊徳) 中央公論新社
二宮尊徳「二宮翁夜話」「日本の名著２６」(二宮尊徳) 中央公論新社
二宮尊徳「三才報徳金毛録」「日本の名著２６」(二宮尊徳) 中央公論新社
二宮尊徳「仕法関係諸篇」「日本の名著２６」(二宮尊徳) 中央公論新社
セイモア・ハーシュ「アメリカの秘密戦争　９・１１からアブグレイブへの道」 伏見威蕃訳、日本経済新聞社
服部之総「黒船前後・志士と経済」 岩波文庫
服部卓四郎「大東亜戦争全史」 原書房
原武史「大正天皇」 朝日選書
デイビット・ハルバースタム「ベスト&ブライテスト」 浅野輔訳、サイマル出版会
半藤一利「昭和史」 平凡社
尾藤正英「江戸時代とはなにか」 岩波文庫
福沢諭吉「文明論之概略」 岩波文庫
福沢諭吉「学問のすゝめ」 岩波文庫
船橋洋一「あえて英語公用語論」 文春新書
船橋洋一「ザ・ペニンシュラ・クエスチョン～朝鮮半島第

二次核危機」 朝日新聞社
バックミンスター・フラー「クリティカル・パス」 梶川康司訳、白楊社
クライド・プレストウィッツ「東西逆転　アジア・３０億人の資本主義者たち」 柴田裕之訳、日本放送出版協会
マイケル・E・ポーター、竹内弘高「日本の競争戦略」 ダイヤモンド社
ジャン・ボードリヤール「消費社会の神話と構造」 今村仁司・塚原史訳、紀伊國屋書店
保坂修司「サウジアラビア　変わりゆく石油王国」 岩波新書
宮本常一「忘れられた日本人」 岩波文庫
ドネラ・H・メドウズ、デニス・L・メドウズ、ヨルゲン・ランダース「成長の限界　人類の選択」枝廣淳子訳、ダイヤモンド社
毛沢東「実践論」「世界の名著７８」(孫文・毛沢東) 小野信爾訳、中央公論社
毛沢東「矛盾論」「世界の名著７８」(孫文・毛沢東) 小野和子訳、中央公論社
毛沢東「抗日遊撃戦争の戦略問題」「世界の名著７８」(孫文・毛沢東) 藤田敬一訳、中央公論社
毛沢東「人民内部の矛盾を正しく処理する問題について」「世界の名著７８」(孫文・毛沢東) 狭間直樹訳、中央公論社
毛里和子「現代中国政治」 名古屋大学出版会
毛里和子「日中関係　戦後から新時代へ」 岩波新書
ダニエル・ヤギーン「石油の世紀　支配者たちの興亡(上・下)」 日高義樹・持田直武訳、日本放送出版協会
安岡正篤「政治を導く思想「貞観政要」を読む」 ディーシ

一エス出版局
安岡正篤「東洋政治哲学　王道の研究」到知出版社
安岡正篤「日本精神通義」到知出版社
安岡正篤「日本精神の研究」到知出版社
安田喜憲「日本よ、森の環境国家たれ」中公叢書
山内昌之「帝国と国民」岩波書店
レーニン「帝国主義」宇高基輔訳、岩波文庫
ポール・ロバーツ「石油の終焉」久保恵美子訳、光文社
ジェームズ・D・ワトソン、アンドリュー・ベリー「DNA」青木薫訳、講談社
「世界の歴史」(全３０巻) 中央公論社
Winston S. Churchill, "The Second World War", Penguin Books
Stephen P. Cohen, "India, Emerging Power", Brookings Institution Press
Peter F. Drucker, "Post-Capitalist Society", Harper Business
David Halberstam, "The Next Century", Avon Books
Friedrich A. Hayek, "The Road to Serfdom", University of Chicago Press
Paul Kennedy, "The Rise and Fall of Great Powers", Random House
Arthur M. Schlesinger. Jr., "The Disuniting of the Great Powers", Random House
Joseph A. Schumpeter, "Capitalism, Socialism, and Democracy", Harper & Row, Publishers
A.J.P. Taylor, "Europe: Grandeur and Decline", Penguin Books
Alexis de Tocqueville, "Democracy in America", Vintage Classics, Random House
Daniel Yergin and Joseph Stanislaw, " The Commanding Heights: The Battle for the World Economy",Simon & Schuster

写作缘起

早在1993年，高盛的领导在多次邀请我加入高盛集团时曾对我说："中国就算能发展也是22世纪的事了，不会是21世纪。还是多考虑其他非中国业务吧。"展望中国在21世纪的发展前景，我内心依然认为，高盛集团迟早会大力开展中国业务。

1982年大学毕业后，我入职大和证券从事国际金融商务工作，积累了丰富的经验。由于工作原因，可以接触连接日本与世界的金融市场，我也亲身参与了几次足以载入史册的事件。然而到了20世纪90年代，我感受到日本经济和个人工作发展的极限。我关注并且确信，中国1992年开始颁布的一系列政策可以视为"第二次改革开放"，将为中国带来远超20世纪80年代的发展机遇。由于中国把美国作为经济发展的合作伙伴，我认为中国和美国毫无疑问会成为经济全球化的中心。

这样一来，日本经济一定会受到很大冲击。美国企业纷纷把工厂迁入中国，促使中国成为“世界工厂”，美国成为中国经济最大的合作伙伴。我曾预测，日本大企业也将把工厂迁入中国，第二次世界大战后，在东京、横滨、名古屋、大阪、神户等“太平洋工业带”集中了日本的最新工厂，通过出口赚取美元，再由官员和自民党政治分配给全国，带动日本整体发展，这种经济的“发展方程式”将会终止，日本经济将面临空心化。

日本社会并未预想到这种变化。大部分日本人都坚信，尽管日经平均股价翻了 8 倍，东京地价领先世界，在泡沫经济告一段落的 20 世纪 80 年代，日本一定还能重返高速发展。

我又进一步思考，认为日本的人口老龄化问题将持续加剧，养老金的负担会更重，从而资产运用的重要性将会更加彰显。随着以中美两国为中心的全球化进程不断发展，国外金融机构将比日本发展得更快，日本只能将日本人的资产投入海外市场，将其收益用以应对人口老龄化的问题。然而，日本的金融机构大多不具备真正的全球性资产运作的能力。高盛集团作为全球性的金融机构，应当在日本开展资产运作业务。

这是我在不得不放弃中国业务提案后，提出的另一个方案。

当时高盛的 CEO 乔恩·科尔津访日不下百回，我带着这一提案，同他一起讨论事业战略，终于在第二年达成共识，同意在日本开展资产运作业务。

在我获得第一个大客户后，亨利·保尔森打来祝贺电话说“祝贺你，山崎”，声音虽略带沙哑，但沉稳有力。亨利·保尔森当时是全球投资银行部门的领导，后来成为高盛集团的董事长，他平时被大家昵称“Hank”，也为我起了一个昵称“Zack”，并为我送上祝福。

自我成立日本资产运营部门后，保尔森无论任职高盛的 COO（首席运营官）还是后来的集团董事长，都一直给予我支持。我从民间的角度解读了日、美两国政府间的金融协议内容（在日本被称作“金融大爆炸”），率领日本高盛团队拿到第一大单，接受当时世界最大的日本公共养老基金的委托，首次开展全球性资产运作业务。之后保尔森来日，与我讨论在日本的经营战略，畅谈日本和世界直到深夜。第二天，他同意了我录用 25 名新员工的要求。

在两年后的 1998 年，高盛接受了高达 3 万亿日元（约合 1 800 亿人民币）规模的资产运作业务，成为日本第一资产运作的外资公司。之后，在我担任日本高盛社长的期间，经日经新闻对金融部门进行的问卷调查，我荣获“全球资产运作”领域日本第一人的称赞，列在高盛集团合伙人的末座。

然而，在我心中并没有喜悦。实际上围绕着中美两国的世界经济发展方式已经逐渐定型，高盛在早期提出了BRICS（中国、印度、俄罗斯、巴西、南非未来将成为世界发展的主力军）的概念。高盛集团内，怀疑中国发展能力的已是少数。

此外，我认为再这样发展下去日本经济势必衰退，下一代将承受更多的压力。当时备受欢迎的首相提出“市场原理”和“小政府”的理念，却无法应对世界经济的结构变化。中国将取代日本，成为新的“世界工厂”。无论日本如何改变金融和财政，都无法阻止经济衰退，亟待向“后工业化社会”转变，为此我确信自己所倡导的新经济政策必不可少。然而在高盛,即便是合伙人也难以发表个人意见。为此我陷入沉思，究竟如何才能建言献策呢？

2002 年，在我投身金融行业的第 20 周年，我从高盛辞职，创办了一个规模不大的智囊团，为世界和日本的金融政策提出建议，到日本和世界各地演讲，发表了诸多论文与著作。在《从田园开始产业革命》中提出新农业政策,《日本列岛快走论》中提出新交通和国土政策,《环东京湾构想》中提出首都圈改造计划,《大逆转时代》中提出随着地方经济发展，如何应对城市人口老龄化的问题。传授商务成功方法的《制胜的力量》一书中还提到了我刚进入高盛集团时的经历。政府和政党逐渐采纳我的建议，并聘请我担任政府顾问。

2006年7月，保尔森接受当时布什总统的邀请，辞去在高盛的职务，就任美国财政部长。这正是“Hank”的行事风格，一心为公、时刻愿为美国和世界奉献自己。

保尔森就任财政部长不久便提出要进行“中美经济战略对话”。中国对美国来说是最重要的经济大国，中美两国应通力合作，为世界的发展做出贡献，调整经济和投资的流动，构筑可持续发展的未来。为此，中美两国应以互补的形式共同努力，两国应开展全面的、战略性的经济对话。通过媒体听到保尔森的言论，我确信实行社会主义市场经济的中国与资本主义的代表美国将正式建立经济合作关系。无论是对中美两国，还是日本乃至全世界来说，都有重要的意义。

在财政部长保尔森提倡“中美战略经济对话”的同时，我的拙著《中美经济关系》的原稿也进入收尾阶段。“中美战略经济对话”正式成为美国政策，它促进了《中美经济关系》的成形。在第二年的 2007 年 2 月，历经 20 个月的写作与讨论，精读 150 本参考文献，最终《中美经济关系》一书完稿并在日本出版。

在《中美经济关系》一书中，我想告诉日本人，中美两国经济体制不同，只有建立紧密的相互依存和互补关系，才能促进世界经济稳步发展，日本及其他国家必须顺应“中美经济关系”，才能获得自身发展。

在此书中，我还提出另外更重要的一点，即世界经济和人类持续发展的可能性。“中美经济关系”成功消除了阻碍经济发展、类似曾经因石油危机带来的通货膨胀等因素，这也是全球化的成果。“大政府”作为中国社会主义市场经济的代表，是全球化的必要前提。而问题是能源和资源的匮乏导致“地球无法满足人类需求”。不打破这一限制，将会引发像以前世界大战那样的相互争夺，这将如何是好？

我的回答在 2009 年 2 月出版的《阳光经济》一书中。2008 年 9 月原稿尚未完成时，发生了战后最严重的金融危机。国际社会被恐怖笼罩，甚至有人预言金融大恐慌将会再次袭来。我在《阳光经济》中阐明了类似战前那样的大恐慌不再发生的原因。这是因为当时的美联储主席伯南克和财政部长保尔森决心拯救遭受巨额经济损失的金融机构。国际协调体制也发挥了作用。与战前不同，世界经济的安全装置这次发挥了重要的作用。

另外，对于“新兴国家会一蹶不振”的意见，我阐明了中印“亚洲大国复活”的原因。但是，我也就“中印能否一直维持高速发展”提出疑问，因为“石油经济的极限”已经初现端倪。

如果无法改变能源和资源的有限性，中印两国的发展将会加速世界经济到达极限。而解决这一问题的方法便是向阳光经济转型。我强调，阳光经济能够实现可持续发展的新世界经济系统，守护人性、使人类得以自救。社团法人纷纷召开阳光经济会议，开始广泛建言献策。

早在1927年曾有先觉者对人类可持续发展的可能性展开理论，并在1981年将该方法定型，他便是被称作现代达·芬奇的富勒。我所使用的“阳光经济”一词也不过是将富勒深远的思想以一种通俗易懂的方式表现出来，如果通俗易懂，那么大多数人应该能够普遍接受这种想法。

2011年3月11日下午2点46分，东日本遭遇了千年一遇的地震和海啸，福岛核电站受到严重的损害，日本所有的核电站停止运行。

事故后的福岛第一核电站

资料来源：日本环境省《东京电力福岛第一核电站事故泄露放射性物质去污事业记录》

当天上午，时任日本首相的菅直人经内阁会议决议通过了将可再生能源引入日本的法案。我曾就该法案其中一部分内容向菅首相提出建议。如果会议安排在下午，那么引进可再生能源一事将会被延误。因为从那一天起，议会被迫暂停，政府不得不优先应对灾害，解决当前的自然危机。

我的使命就是将日本所使用的能源转换为可再生能源，即我提倡的太阳电力，实现阳光经济。因此，我决定开展光能发电、风力发电、生物能发电和通过太阳能源发电方面的业务。我正在和中国天合光能以及美国通用电气公司共同建设日本最大的巨型光能发电厂。

受中方邀请，我将翻译《阳光经济》一书在中国出版。然而相比2009年，此书在日本首次出版时，世界已经发生了巨大变化。如今，中国正沿着“一带一路”倡议向世界第一经济大国前进。中国无论是在“太阳电力”发电方面，还是在供电量，都位居世界第一，振奋人心。从能源到交通，从交通到区域，最后再到经济系统，在践行“一带一路”倡议实现“阳光经济”的历程中，唯有中国可担此重任。

因此，我将此书命名为《阳光经济——21世纪中国模式的新格局》。我决定执笔此书，用它来描述未来的社会与生活，展现通向未来、发展的道路，全面诠释为何中国是实现大幅提高人类持续发展可能性的关键，为了实现这一点我们需要如何去做。

这本书将我过去的经济思想和对未来的预测融合起来，内容复杂，相通相融，涉及面广。通过历史见证未来，历史是连贯的，对同一时期发生的事情，通过时间轴来展现其关联和因果关系。为了充分展示这一构造，我冥思苦想。

请中国广大读者雅正为盼。

后　记

从20世纪60年代后期,在我还是一个10岁的小学生时,就已经对中国产生了浓厚的兴趣。当时，日本学生运动非常频繁，即所谓的左翼学生大肆推崇中国革命。他们涌入我家狭窄的廉租房，来拜访我的父亲，当时我的父亲任九州大学文学系助理教授。那些学生的激烈争论，让站在父亲身边的我为之一振。

学生们主张："日本也应该效仿中国，改资本主义向社会主义发展，为了实现更高层次的民主主义，必须发动'文化大革命'。"然而在我的印象中，年轻的红卫兵一齐高举毛泽东语录，宽阔的街道上只有自行车在行走，这样的中国并不比日本更先进。从那天起，我开始独自学习中国，学习资本主义、社会主义、民主主义。我读遍所有报纸，关注所有电视新闻，熟读《世界大百科辞典》里的所有相关事项。

我得出的结论与学生们的正好相反。“中国之所以选择社会主义体制，是因为经济还不发达，中国会随着经济发展，慢慢向资本主义转变”“毛泽东的领导方式，对于当时经济不发达的中国是必不可少的管理模式，但终归将需要民主主义的政治体制”。当时日本的报纸大多称赞“文化大革命”,这成为一种主流。当时我身为小学生,虽觉察到异样，但除了与家人闲聊时提及此事，并没有更多发言的机会。

如今，我对经济、社会和历史有浓厚的兴趣，究其原因，正是因为小学时期带着“如何理解中国”“如何理解毛泽东”等问题进行过深刻探究所致。然而我在小学时代做出了错误的结论。中国坚持社会主义，引入市场经济，取得高速发展，现在正在向世界第一经济大国迈进。为什么只有中国才能实现社会主义市场经济呢？这成为我下一个需要思考的问题。

虽历经各种困难，也曾犯错，然而中国人民坚持社会主义道路，一致团结，共同拼搏，如今发展成可与美国比肩而立的超级大国，是谁也不能否认的事实。

小学时代还有一件令我印象非常深刻的事情。每年夏天，我们兄弟都会被寄养在外公外婆家，度过愉快的暑假。

有一年，我在外公的书斋里，发现一些有关战争记录的书籍，读得入迷了。当时我还很无知地问外公：“为什么日本要跟美国还有中国打仗啊？这不是明摆着会输吗？外公那时在做什么呀？”曾任法官的外公虽然没有上战场，但还是很认真地跟我讲军队的故事、自己努力的故事，但我却并不认可外公的说法。回去后，我一个人陷入沉思，一直在想：“日本还会挑起战争吧，到那时我一定要阻止它。”什么会引发战争，什么将带来和平，这成为我人生中的一大课题，也是我对世界关心的另一个原因。

我认为，现在唯一可以确信的一点是，人类可持续发展的条件与世界和平发展的条件非常相似。

译后记

我们未必能够清晰地把握中美贸易关系对全球政经格局的影响，但本书的出版却恰逢其时。当下，中美贸易关系备受关注，中美两国能否超越修昔底德陷阱，共创人类福祉？这正是本书最深切的关注所在。

作者将此关注落实于人类发展路径的探究与规划。人类经历了工业 1.0 的蒸汽机时代、工业 2.0 的电气化时代、工业 3.0 的信息化时代。如今，全球都在迈向工业 4.0，即利用信息化技术促进产业变革，也即智能化。此为第四次工业革命。在我看来，此种划分源于生产要素论中的“全要素生产率”（TFP，Total Factor Productivity）或“技术革新”的视角。然而，工业革命的不同阶段划分只是搭建在传统生产要素组合的基础上，真正重要的是，人类拥有的传统生产要素是否存在革新的需求与必要？以能源为例，众所周知，正是能源革命使人类走出动物世界，普罗米修斯精神已经内化为人类永恒的基因，驱动着人类坚持不懈地寻找新能源，谱写着扣人心弦、波澜壮阔的人类发展史。那么，能源革新是如何系统影响，乃至构造人类生活的方方面面的呢？本书将围绕这个问题展开论述。

感谢我的北大师兄德地立人先生，尽管他在我最忙的时候将本书的校译工作推荐给我。通读本书的日文原文和默丽娟女士的中文译稿后，我被作者新颖的视角和鲜明的观点打动，同时，对于长期困扰我的一些问题，本书提供了可能的思考方向和分析路径。正因如此，我欣然参与了这项庞杂的工程。当然，工作越复杂就越少不了我的北大同学、学术搭档雷艳红教授的帮助。回想起 2015—2017 年，我和雷艳红教授共同完成青木昌彦老师的制度经济学入门经典作品——《制度经济学入门》一书的翻译。其间经历，让我深感翻译是一项系统工程，咬文嚼字、捶章炼句，无异于再创作。考虑到原稿庞大的体系，庞杂的分支，很难保持逻辑上的一致性，需学术魄力充足、思维精细者以快刀阔斧、细钻利刃之势，才能贯穿疏通。因此，我力邀雷教授加入本书的校译。事实证明,这个决定是正确的。当然，我也善意地抱怨作者，他想把十本书的内容挤在一本书中，无疑增加了读者的阅读难度。我建议作者，何不将“阳光经济”做成系列，就阳光经济的各个具体层面分册进行专题论述。若能如此，那么经过大量删减和整合的本书无疑将是“阳光经济”系列研究的起点。

本书着眼于能源这一近代社会最重要的生产要素，通过分析近现代史上几次能源革命带来的工业革命，及其所引发的社会、经济、政治、世界格局的变迁，展示了传统能源的局限性，特别是不可再生性和不可持续性所造成的资源垄断、时局动荡、世界经济周期性恐慌，甚至恐怖主义泛滥、战争蔓延等恶果。当然，作者并未停留于抱怨，而是提出了一个可持续的、开放式的全新解决方案——阳光经济。

本书前半部分主要介绍近一两百年来，由“二战”前以煤炭经济为背景的英国中心论，到“二战”后以石油经济为后盾的美国中心论的世界格局和历史地位的变迁，升级缘由和机制，从石化能源的不可再生性，地域分布的局限性等角度入手，分析目前的经济乃至世界格局的不可持续，从而提出阳光经济的新设想。作者提出，阳光经济具有开放性、包容性、打破垄断等特征，将成为未来社会架构的基础。本书后半部分通过展现中美关系与中日关系各自在面临修昔底德陷阱时惊人相似的一幕，进一步阐述，若不突破石化能源垄断根基上的霸权格局，人类就无法跳出历史的周期。我们乐见阳光经济体系将打破传统资源配置的局限，给那些饱受战争困扰和压榨的国家和地区带来希望，进而开辟全人类和平共存的新天地。我们更期待作者提出的阳光经济体系，让我们看到人类重归善良的初衷，让开放的大道取代独木桥，让修昔底德陷阱成为过去式。

本书作者是高盛资产管理公司的日本首任 CEO，是叱咤日美两国政经商各界的风云人物，又是著作等身的日本政治经济学家，他从理论和实践两方面理性分析了中国倡导的“一带一路”倡议，充分肯定这一倡议对于全球化的意义。作者于十多年前在其著作中首次预言并提出了 G2 的概念,预见中美两国关系将成为世界格局的主导。在本书中，作者进一步寄望于已经成熟并富有国际担当和责任感的中国，在未来的世界经济和国际事务中发挥引领和主导作用。同时，作者还为中国的决策者提供了阳光经济这一极具参考价值的解决方案，即以“一带一路”倡议和阳光经济体系为依托，绘制出世界大同的美好蓝图。

我曾在一些聚会场合与作者交谈过，也从不同的友人那里听闻了他的趣闻轶事。这次深度合作，我为山崎先生的激情所打动。山崎先生出身于大和证券，又是日本社会反战、和平、日中友好人士的重要代表，我们有理由支持他，也希望本书能为中国社会各界有思想的人士，提供一条全新的、开放性的问题解决思路。

谨代表本书的翻译同人雷艳红教授、默丽娟女士，以及山崎先生的助理周强先生向中国读者推荐此书。

彭金辉

于东京赤坂

2019 年 3 月樱花盛季

致　谢

写作本书的缘由还得从大和证券时期的前辈德地立人说起，2009年，由我执笔的《日本复活的最终方案——主导阳光经济》一书在日本出版，德地前辈审阅书稿后，建议我在中国也出版此书。自此为了在中国出版这本书，我开始正式动笔修订。本书在日语原版的基础上，参考2007年出版的拙著《不了解中美经济关系的日本人》一书，增加了一部分新的内容——最新的世界形势，以及我对未来世界的构想。其实思考问题的方式没有发生根本性的变化，所以对于本书的读者朋友而言，就能够理解我所倡导的这一观点，即中日关系是维系世界和平的关键所在。

借出版此书的机会，真诚感谢当时给我建言的德地立人先生、中信出版社的各位同人，以及中国国家电网前会长刘振亚先生。4年前，刘振亚先生在多方面给予我各种指导，使我受益颇多。另外，特别感谢中国著名经济学家、孙冶方经济科学基金会理事长李剑阁先生为本书做推荐，同时对负责本书翻译工作的默丽娟女士，以及负责全文整体校译及编辑工作的中信集团有限公司日本代表处总代表彭金辉先生、厦门大学副教授雷艳红女士致以深厚的谢意。

本书标题由中国现代艺术家任哲先生亲手书写、设计，封面设计由日本博报堂的设计师永井一史先生和永井健先生指导完成，借此机会也向他们献上我诚挚的谢意。这一图书作品由中日两国极具代表性的当代艺术家携手共作，可谓中日间文化交流的艺术成果，体现了中日两国源远流长的历史文化交流。

借此机会，感谢平日里对我指导有方、鞭驽策蹇的石川好先生、船桥洋一先生、岛田晴雄先生、能见公一先生，以及本公司董事滨田邦夫先生、太田孝昭先生，感谢公司全体员工为出版本书所付出的辛苦和努力。尤其感谢史洪恩先生，在百忙之中统筹策划出版相关事宜；感谢三木时子女士每天无微不至的关怀和照顾；感谢年轻员工周强先生和中山广毅先生对协调出版工作的辛苦劳作；感谢从不同方面给予我支持和帮助的叶茂先生、吉原洋先生、市塚亚树女士、欧文罗萨先生、杉村幸彦先生、小泽文子女士、新野贵代惠女士，以及谷田知映女士。

最后，也借此机会，诚心感谢曾经为支持一般社团法人“太阳经济会”活动、为出版《日本复活的最终方案——主导阳光经济》《不了解中美经济关系的日本人》等书做出重大贡献的《朝日新闻出版社》的高桥和彦先生、德间书店的历石幸一先生，以及其他给予我支持和帮助的各位同人。本书篇幅有限，无法一一列明，在此向各位致以衷心的感谢。

期待本书能够为中日两国、为搭建美好世界，做出应有的贡献，也期待更多拥有共同志向的各界同人阅读此书。

山崎养世